哲學
動物

乳牛擁有尼采的智慧？水母能解釋宇宙結構？啄木鳥是當代禪學大師？
31則經典理論大哉問，上一堂最顛覆思考的哲學課

Die Weisheit der
Trottellumme

目次

Verzeichnis

前 言

Vorwort

人類能教動物的事物不多，可以教馬數到三，命令狗去取一根棍子，或是訓練海獅邊轉皮球邊用牠們的鰭「拍手」。只是捫心自問，無論是動物抑或是人，誰真的在乎動物能學會這些技巧？

一旦我們開始反向思考，情況就會大為翻轉。就好比哲學家德謨克利特[1]早已發現，動物能教導我們藝術、手工藝，蜘蛛教我們紡織、燕子教我們蓋房子，而天鵝和夜鶯則教我們玩音樂。動物也能帶領我們探索人類存在的最深層祕密，只是動物教導的方式不同，有些通過聲音，有些則是藉由牠們極具模範性的行為舉止，不管如何，牠們都能解答我們對哲學的探問。套句法國人類學家李維史陀[2]的話，那些都是「適合思考」的課題。

水母可以解釋宇宙的結構、電鰻[3]讓我們了解現代社會的執著及矛盾、裸鼴鼠[4]熟稔維繫伴侶幸福關係的祕訣、六角龍魚[5]知道，未實現的慾望以及烏托邦的重要性、螞蟻對無條件的基本收入有明確的立場，而加拿大大角羊[6]則是經濟「去成長」（degrowth）的哲學理論專家。〔德文〕書名裡的海鴉[7]呢？牠向我們展示一位偉大丹麥哲學家的教誨，我們得以知道，人可以如何勇敢地躍入信仰的擁抱。

這本書蒐集了三十一個動物寓言，並以哲學的觀點切入，讓我們知道人類可以從動物身上學到什麼。與其將動物與人類之間的差異點出來（長期以來，西方文化都這樣處理，把動物視為是黑暗、不理性的野獸），我更希望把重點放在人類和動物在哲學方面的驚人相似之處。畢竟當我們將人類置於陽光下檢視時，人類只不過是一隻掉了毛髮的靈長目猿猴。

所以，歡迎進入這個新世界：狗將執教鞭指導人類、啄木鳥指引我們打坐、鱷魚內化了老子的思想。讓我們傾聽牠們的吠叫，咕咕、啞啞、呱呱以及鳴叫，讓我們遵循牠們的教導，效法牠們榜樣，好讓我們成為像牠們一樣的動物。

1 德謨克利特（Demokrit），希臘古典時期早期的唯物主義哲學家。

2 李維史陀（Claude Lévi-Strauss），1908 – 2009，著名法國人類學家，建構了結構主義與神話學，大大影響人類學、社會學、哲學以及語言學。

3 電鱝（Zitterrochen）屬電鱝科，俗名雷魚，身體可產生七〇~八〇伏特的電壓。棲息於砂泥地底，行動緩慢，時常將自己埋在泥地下，依品種不同，可能是獨居或群居。

4 裸鼴鼠（Nacktmull），挖掘類嚙齒目動物，上頜和下頜各有兩顆持續生長的門牙。每個裸鼴鼠群體，都有一隻肥碩的王后，其餘無論雌雄均為工鼠。一窩裸鼴鼠平均有八十隻，但是每隻工鼠的體重大約只有三十克。

5 墨西哥鈍口螈（Axolotl），俗稱六角恐龍，兩棲類爬蟲，因終生會維持水棲幼體型態而出名，一般壽命十至十五年。

6 加拿大大角羊（Dickhornschafe），因公羊的彎曲大角而得名。母羊雖也有角，但短小許多，並且只有微微的彎曲。牠們以群居為主，通常無法被馴化。

7 海鴉（Trottellumme）又名崖海鴉，大部分時間生活在海裡，僅在繁殖期停留於懸崖和海島上。海鴉有翅膀可飛翔但不靈活，在水裡游泳時則異常靈活。

烏鶇

Die Amsel

童年時，我家陽台外有棵巍巍的冷杉豎立在花園裡。每年春天，樹梢上總有烏鶇佇足，黎明一到牠們便開始鳴唱；當我開窗睡覺時，總會被牠們的響亮歌聲喚醒。牠們的歌聲不僅嘹亮，旋律也很優美，直至今天餘音仍宛如繚繞耳際──牠們會先充滿活力的向下降四度，然後再回到開始時的音調，接著再高三度，隨即轉和弦，好一個完美的大和弦！

全家一起用早餐時，父母說：「那是貝多芬的曲子，烏鶇演奏了貝多芬小提琴協奏曲和D大調管弦樂曲（作品第六十一號）的迴旋曲。」今天，我知道那純粹是個無稽之談。烏鶇並未吟唱古典音樂會裡第三樂章中的第一個小節，牠只是說著：「這裡是我的地盤」，或者也可能是說：「來吧！可愛的烏鶇小妞」，也可能表示：「我正快樂徜徉在世界裡」，或「再過幾分鐘太陽就升起了」，也可能是：「看起來要下雨了」、「這些可惡的針葉，雖然站在杉樹上向外望，景色很美啦！」。當然，烏鶇也可能將以上種種一次暢快地唱完。

法國哲學家賽荷（Michel Serres）曾說過，鳥鳴的優勢之一，在於它是「泛義的」（pansemisch），也就是每一聲節都重要。烏鶇用牠的鳴唱想表達的意義並不清晰一致，然而牠那嘰嘰喳喳的含義有著「強力的擴張性」，可以延伸到許多特殊意以及語義的領域。

賽荷認為這與人類的語言剛好相反，人類語言僅是「單義的」（monosemisch），也只限於某個意義。我們的語言不是帶有隱喻的和弦，而只是單弦，特別是在學術方面的表達，強調語言在語義的清晰以及準確，而人類之所以存在溝通歧義和誤解，也許是因為大多數人都在唱歌。

然而對於哲學家而言，人類追求單義的結果卻是一大不幸：因為想要精確又一針見血的表達方式，使得「即便是最優秀的文字藝術者，也成為這門藝術下的受害者」。而在另一方面，無論是烏鶇的鳴叫或是原始人的求偶聲，這類泛義的嘈雜聲，方方面面都比那種清楚、明瞭，然而卻幾乎無交流的溝通方式，更直接也更容易讓人動容。

「我們對慾望或是悲傷的調節方式」塞荷寫道，「會直達我們這類爬行動物大腦深層的神經元裡，與麻雀、山雀和蜂鳥相同」。換句話說，藉由發聲，我們不僅與其他動物，也與自己的部落歷史緊密相連。然而作為人類，我們要如何參與鳥類那種令人羨慕，又具有多種可能解釋的話語呢？是藉牠們欲求的呻吟或是悲嘆的嘆息嗎？最有可能的方法，就是藉由音樂的力量，將我們的言語譜寫成曲、成歌；或者我們也可以使用諧音、韻律、節奏以及其他聲音的樂趣，嘗試重塑禽鳥的「泛義」，例如囀囀、啞啞、關關、啾啾、嚶嚶、嗡嗡、丁丁、啾啾、嘎嘎、啞啞、吱吱喳喳（以上僅列舉幾種描述鳥鳴最美的語言）。

如果我們在音樂方面具有特殊天賦，也許可以以鳥為模範完成一場音樂會——這也是我在那些童年的清晨所明白的，烏鶇並未在花園裡吟唱貝多芬，是貝多芬效仿了烏鶇，寫下小提琴協奏曲。

裸鼴鼠
Der Nacktmull

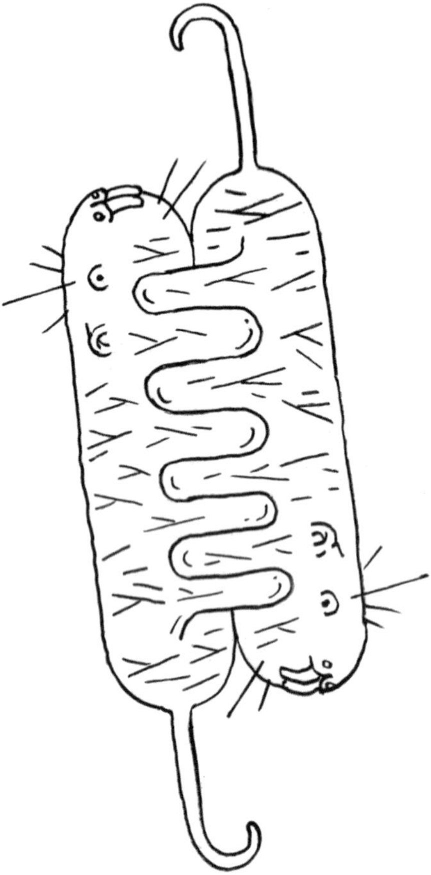

裸鼴鼠被許多人公認是「史上最醜陋」的哺乳動物。一份德國大報曾將牠形容為「有四條腿的陰莖」，還有媒體稱牠為「會啃東西的小香腸」。這個囓齒動物原產於東非，當地有大半的面積都是沙漠。而對於不懂欣賞的人而言，這小動物長得真不討喜——身體小小、鼓鼓的，而且還光溜溜，臉部器官平庸不說，眼睛和耳朵還小到幾乎看不見，然而居然還有四顆像鐮刀般的大門牙從嘴裡暴出來。

不過，這些批評對裸鼴鼠來說應該無關痛癢。因為首先，牠幾乎全盲，因此可以無視這些所謂的美感缺陷；再說，牠對疼痛極為不敏感，舉凡發炎、發燒、皮膚創傷或是酸害等傷害，都不會引發這小動物任何困擾（所以我們可以大膽地假設，牠對我們各類嘲諷應該也毫無痛感）。不過牠們也不是毫無感覺，只是不會覺得特別疼痛，因為牠們的神經細胞結構很不一樣——牠們的疼痛受體已經被改造得十分先進，傳入的刺激必須先增加到十倍的強度才會被傳輸。也就是說，當其他動物已經痛苦扭動不已時，裸鼴鼠大概只會稍微抽動一下觸鬚。

其實我們可以從牠們的生活型態發現，這小動物是如何擁有如此強大的耐痛力。裸鼴鼠生活在悶熱的地下洞穴裡，數量多時，牠們可以與三百隻同類擠在一起生活。而且牠們的牙齒鋒利，互動方式粗魯，群聚方式與蜜蜂、蟻群一樣，成員全部來自同一位「女王」，也就是說牠們都共事一母。想想一輩子和數百名親戚同擠在通風不良的屋子裡會是何種情景？如果不對痛苦無感些，如何能長期留在家中忍受呢？

讀到這裡，熟悉叔本華[1]的讀者可能會聯想到刺蝟寓言裡，那些「藉相互取暖免於凍死」而緊密窩在一起的刺蝟。刺蝟在互相取暖的過程中，難免會不經意地因為彼此的背刺而受傷（也就是說，因為自己「令人厭惡的特點以及難以容忍的錯誤」而受傷），使得他們不得不再次移動，好遠離彼此直至實在冷得必須要再互相靠近以便取暖，但一靠近又哎喲叫著，最後刺蝟（也就是人）終於找到一個「適中距離」，讓大家都覺得好過些。

就生物分類學而言，裸鼴鼠可能是刺蝟的親戚，但相較於牠那些隸屬同一目卻帶刺的親戚而言，裸鼴鼠在社會化方面則相對優秀許多。首先，牠們沒有刺，所以不會傷害到其他需要取暖的同胞；其次是牠們的耐痛能力，足以和一整窩刺蝟親熱依偎，而且也不會發生刺蝟那種又愛又怕受傷害的感受。換句話說，裸鼴鼠簡直是那些必須離開自己的舒適圈，卻又無法忍受他人親近的偶像。所以想作繭自縛的人，最好當一隻裸鼴鼠。

只要學會減低內心裡已過度被刺激的社會疼痛感受元，然後脫光衣服，除掉全身體毛，將雙眼緊閉成兩條小皺褶的裂縫，假想其他人也是裸鼴鼠，就可以展開雙手擁抱他人了。

1 叔本華（Arthur Schoppenhauer），1788 – 1860，德國哲學家，唯意志論主義的開創者，以悲觀主義哲學聞名。著有《作為意志和表象的世界》、《論視覺和顏色》等書。

海鴉

Die Trottellumme

每到六月，黑戈蘭島[1]總會上演一場驚心動魄的大戲。島嶼西隅有一片醒目赭紅色的砂岩峭壁，那裡會演出「海鴉跳」：三週歲左右的海鴉（屬於海雀科[2]）會從這個出生地，同時也是被父母呵護至今的岩石邊緣展翅試飛。站在將近四十公尺高的起跳點，牠們準備遠離寒冷的北海，暫時告別這個未來的棲息地，父母則在身旁鳴叫、鼓勵並且等待凱旋之日。海鴉的躊躇可以理解，在一陣猶豫與焦躁之後，牠們終於展開尚未完全適合飛行的短小雙翅。

頓時，懸崖尖上湧起此起彼落的鳴叫聲，一隻隻海鴉就像是鋪滿羽毛的石頭往深處墜落。雖然許多雛鳥最後無法安然停駐在水面上，而是落在堅硬的岸邊岩石上，但幸運的是，牠們有靈活的年輕骨架以及新生的脂肪，所以大多仍然能在首跳中倖免於難。雖然牠們還未學會飛，卻敢展翅飛翔；不會游泳，卻又直往水裡衝，這種初生之犢的勇氣，也著實讓人刮目相看。

還是說，牠們的行為其實並非勇氣所驅，而純粹是絕望使然呢？出於絕望牠們只好——套句丹麥哲學家，同時也是神學家齊克果[3]的名言——像人類般「躍」入信仰之中。

根據齊克果的觀點，人的一生不僅可以而且還應該穿過三個「生命的階段」。人們雖然在前兩個「審美」以及「倫理」階段中，可以學會了解自我並嘗試檢驗自己存在的各種可能性，卻無法進一步克服對自我存有（Dasein）的絕望。因為在這兩個階段裡，人類會認知到世上除了自我內心世界的存有之外，必定存在一個超越[4]的領域，而這個領域可以對人提出進一步的終極指引。

用海鴉的行為來解釋就是：人徘徊在屬於塵世的懸崖與無限的大海之間，無法抉擇。人同時屬於這兩個領域，正如肉身的耶穌也同樣被壓縮在這兩個領域般。人無法用智識解決的矛盾，只能藉信仰來解困。齊克果說，「信仰」意味著為了贏得上帝而失去知性（Verstand）。只有像瘋狂跳進冷水的這種大膽信仰，人才有機會進入第三個生命階段，即「宗教階段」。

其實這個原則不也恰恰適用於人生每個重要的抉擇上嗎？畢竟，完全嶄新且令人興奮的人生階段，通常不是透過試探性的小碎步就能抵達，而是必須藉由直接跳躍至未知領域才能完成。生命的種種決定，不論是步入人生伴侶關係、生兒育女、搬到黑戈蘭島或是檀香山等決定，都相當難以理性解釋。而且這類的決定都將我們導引至一個生命世界裡，在那裡我們無法先研讀海圖再做決定，只能靠實際航行才可了解這未知之海。

正如齊克果的讀者海德格[5]所言：「我們永遠無法憑藉游泳相關論述來了解何謂游泳。就是要跳進水裡，才會知道何謂游泳。」因此，祝你全身濕透！

1 黑戈蘭（Helgoland）島，位於德國北海東部的小型群島。

2 海雀的外型雖類似企鵝目，但牠們其實更接近於鷗類。和企鵝一樣會游泳和潛水，也會飛。

3 齊克果（Søren Kierkegaard），1813 – 1855，丹麥哲學家、神學家以及作家，亦被稱為「存在主義之父」。他不滿當時的社會和基督教教會，因此提出許多針砭，以表達其反教條、反權威等觀點，作品涵蓋神學、文學批評、心理學和宗教學。主要作品有：《反諷的概念》、《恐懼與戰慄》、《生命道路的各個階段》、《愛在流行》、《死病》等。

4 超越在哲學上的意義是，跨越所在世界的經驗與意識界線。

5 海德格（Martin Heidegger），1889 – 1976，德國哲學家，影響了現象學、存在主義、解構主義、詮釋學、後現代主義等領域。著有《存在與時間》、《康德與形上學的問題》等書。

螞蟻
Die Ameise

牠們像是成千上萬的工人，扛著比自己身軀重上百倍的樹枝摩肩接踵。牠們先用靈巧的嘴快速咬碎、分解樹葉，再以閃電般的速度從蚜蟲身上「擠奶」[1]飲用，一旦牠們遭遇敵人突襲，則毫不遲疑進入備戰狀態：蟻窩看似就像忙碌社會的縮影（德文裡表達兢業的「emsig」與螞蟻「Ameise」二字，也有相同的詞源）。

若再仔細觀察，可能甚至會覺得蟻窩裡頭的居民，頗有著新教資本主義情結的典型代表：寡欲、清瘦、挺著細長的腰桿子，直像被勞動狂熱鞭驅的勞工。套句社會主義者拉法格[2]的話，這些人甘願「勒緊肚皮」好讓統治階級的肚子能撐得更大。

然而，那只是假象。美國亞利桑那大學的研究人員發現，以他們研究的螞蟻品種 Temnothorax rugatulus 為例，螞蟻大部分的時間都是無所事事的。這些小懶蟲大多靜靜坐在一旁，有時甚至一坐就是一整天，毫無生氣，偶而望著其他同志勞動，剩下的時間則玩弄著手指（蟻腳）。研究小組的負責人認為「牠們似乎天生擅長無所事事」。這種情況在其他的群居昆蟲裡似乎也是常態，只是連科學家也不懂這些所謂「勤奮的小昆蟲」，何以能如此散漫。畢竟，這些「米蟲」不僅對公眾利益毫無貢獻，甚至還會消耗寶貴的資源。

有一種解釋是，對於這些閒散之人而言，「無為」乃是為了休生養息，一旦其他工蟻死亡或是外敵入侵，抑或是其他突發事件發生時，牠們就可以立刻上崗。另一種解釋認為，螞蟻本身就是活糧倉，隨時能吐出已消化的食物給其他辛勤的同志，以備不時之需。第三種說法則認為，這些閒適的螞蟻可能是年幼或年長者，不適合勞動。不過以上種種皆是未經證實的臆測。

相較之下，有一種說法較合情理，就是這些小昆蟲用自己鋒利的齒具一一分解吞噬了拉法格「懶散的權利」（Recht auf Faulheit）一文裡的精髓，並且完全內化。

拉法格，這位馬克思的女婿在西元一八八〇年發表了一篇論述，批評「病態的工作狂熱」，同時他還認為，那就是資本主義時代的社會特徵。千百年來，無產階級對工作健康的蔑視，到了現代社會反被「工作教條」誘惑，使得自己的身心靈狀態都向下沉淪。因此，拉法格認為「全民就業」其實是個由全世界中產階級製造出來的怪獸，它是「為了使人人都有工作可做，必須採取定量分配的辦法，就像在一條快要沉沒的船上，定額分配淡水一樣」。儘管如此，現代社會的工人們卻極度渴望為他人服務。

當代社會的趨勢更凸顯了這一洞見。某些行業會因為全面自動化而殆盡，因為機器人會解決那些愚蠢或殘害生理的勞動。而我們人類呢？可能就只是望著那些機器人，並且靠著可以滿足基本需求的收入，無所事事。螞蟻教我們的就是節制勞動行為。牠們的被動是具有前瞻性的，牠們拆穿了現代社會的意識形態，即個人的職業是存有的意義，甚至是每個人身分的核心。告別這個想法是未來的主要任務之一，而螞蟻的行為既無比崇高也十分艱難，因為牠們要以身教對人類這個屢教不改的工作狂展示，如何在面對數百萬汲汲營求的競爭對手，以及坐擁螞蟻堆如山高的任務時，卻還是可以神清氣爽地靜坐著。

1 蚜蟲與某些螞蟻品種形成一「共生關係」，螞蟻會保護蚜蟲，同時也會用觸角戳蚜蟲來「擠奶」，以便將蚜蟲分泌的蜜露作為食物。

2 拉法格（Paul Lafargue），1842 – 1911，法國工黨創始人之一。著有大量理論作品，並將《共產黨宣言》等譯成法文。其妻是馬克思（Karl Marx）的次女。

大象

Der Elefant

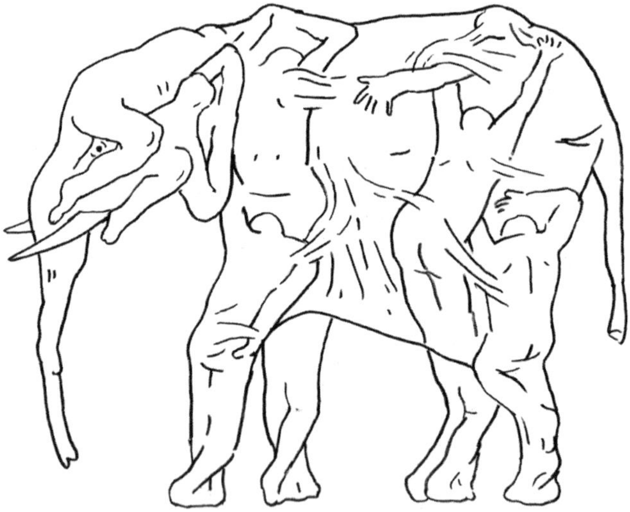

父親的一位大學同窗好友，總喜歡講述自己六〇年代初期在柏林與一頭大象生活的點滴。那可不是發生在類似動物園的地方，而是在柏林市區的民房裡[1]。同一屋簷下的對門，住了一位脫衣舞孃，大象則在地下室。每天晚上脫衣舞孃會將大象帶到一樓搭好的秀場協助表演。可惜的是，父親的老友不願吐露，這個大鼻子動物在表演裡究竟扮演何種角色。

大象雖非源自中歐的動物，德文裡卻有不少相關的軼事與諺語，想想也挺驚人的。例如，如果有人大驚小怪，我們可以說「他把蚊子說得像頭大象似的」，而如果有人持續對重要話題避重就輕，我們可以說「他是在忽略房間裡的大象」；假若我們想特別強調每個人認知的差異，就會提出這個可能來自南亞的寓言，也就是瞎子摸象的故事：

故事裡出現的第一位瞎子，撞到了大象的身體，就聲稱大象長得像一堵牆；第二位瞎子因為摸到了象牙，就說大象像一根矛；第三位則反駁說大象像一條蛇，因為他摸到了象鼻，結果第四位因為把象腿抱在懷中，所以認為大象其實像根樹幹。每個人都只觸摸到大象的部分、理解片面，然後就自以為是的做了全面推理。

大象是陸地上現存最大的哺乳動物，重達五噸又高達四公尺，也難怪牠常成為寓言故事中的角色。因為如果你將牠視為一個人來審視，是無法一眼看盡，當然也就無法一言以蔽之的，你只能單純從牠的身體、象腿或是象牙的某一個角度來端詳。象科的屬性也恰好符合所謂的現實狀況，一樣無法單純從某個角度或概念表述。

本來一個字彙就無法完全等同於所欲指之物，只能表達出當下對此事物以及功能的理解，這也就是為什麼同樣的事物，常常有完全不同的表達方式。「例如大象在梵文裡可以代表善飲的、用雙牙的，或是擁有一隻手的，這表示即使是同一事物，還是能有各種不同的稱謂」，洪堡[2]在他的著作《論人類語言結構的差異以及對精神發展的影響》提出以上論點，他還寫道，「因為語言所表達的，永遠不是事物的本身，而是在言語生成（Spracherzeugung）中自發[3]形成的概念」。

然而，並非所有的概念都能讓人理解，無論是將蚊子比擬成大象、藉房間裡的大象來描述某種狀態，或是從電車跳河的大象[4]，以及幫脫衣舞孃脫衣的大象等概念，大概都無法讓我們更了解大象的本質。我們必須先與其他盲眼人士溝通，瞭解他們是從何種角度以及面向得出自己的觀察心得，才能在「當下找到字眼」（洪堡語）並默記在心頭，然後我們必須改變觀察角度，甚至重新去觸摸大象的象牙、身體以及腿部。另外，我們還必須提供足夠的空間給這個受觀察的對象，好讓牠們能自由活動、伸展或是轉向。

對了，還有一件事，根據父親的大學好友提供的消息，脫衣舞孃的大象已經死了。如果，你將「真實」鎖在一個太嚴實的盒子裡或是關在地窖裡，它自然就會凋零。

1 作者註：這座建築現在是柏林文學館（Berliner Literaturhaus）的所在地。

2 威廉・馮・洪堡（Wilhelm von Humboldt），1767 – 1835，德國語言學家和教育改革家，亦為柏林洪堡大學的創始者。

3 德語的自發（selbstthätig）可作為形容詞和副詞。主要用於哲學，表示在沒有意識的情況下產生的變化，與有意識強加的概念不同。

4 托非（Tuffi）是馬戲團裡的表演大象，一九五〇年，馬戲團到德國烏帕塔（Wuppertal）表演，馬戲團主以懸掛電車運送托非，但在過程中托非太過驚嚇而逃離車廂，往下跳入了烏帕塔河。今天，托非跳河處成了該地的旅遊景點之一，也被譜成歌曲。

六角龍魚
Der Axolotl

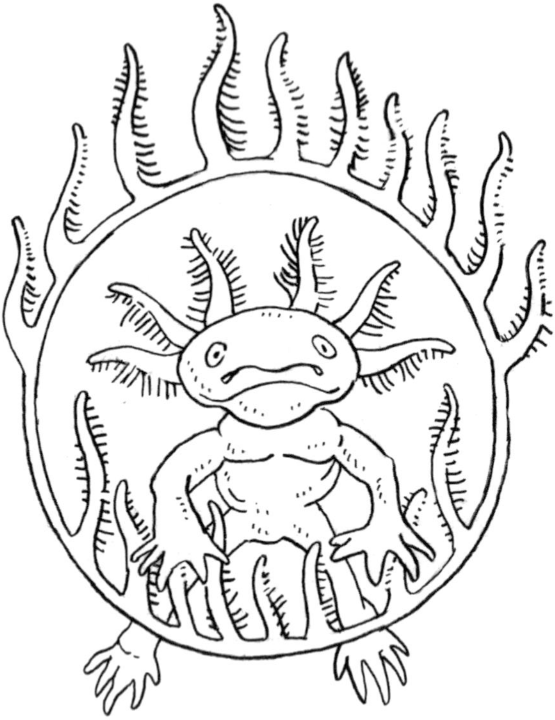

我認為六角龍魚[1]最美麗的部分就是牠的名字：Axolotl。這個詞源自阿茲特克語（Aztekisch），帶有「水鬼」的含意，而這與牠的生存環境以及外貌息息相關。六角龍魚最初的棲息地，位於墨西哥城附近的淡水湖泊裡，牠們最喜歡待在河底。六角龍魚看起來有點像怪物，但是又有點可愛。牠滑溜溜的身軀可長達四十公分，而且還一副瘦得連肋骨都突出的模樣，活似餓壞了的巨大蠑螈。牠的頭部呈扁平狀，相較於身軀則顯得稍微大了點，眼睛沒有眼瞼，靠近眼角兩側則冒出這種動物的特點——三撮宛如活珊瑚樹枝狀的鰓。

這類兩棲動物的特性，基本上與人類習慣的階層式分類法違和，不僅可能會讓人感到不舒服，甚至還可能有股厭惡之感。牠們在幼蟲階段時像小魚，後來則變成用肺呼吸的爬蟲動物，有時還會爬樹，或是隨狂風飛舞，然後如大雨傾盆而下，儼然世界末日。這滑溜溜的六角龍魚有個十分與眾不同之處：牠一生都停留在幼體型態，不像其他兩棲親戚會「變態」成長，所以就人類的角度而言，六角龍魚分明就是停滯發展（牠曾被人類多次強迫變態成長，法國動物學家杜美瑞〔André Duméril〕曾毫不猶豫地割掉這個小動物的鰓鬃，強迫牠成年）。

然而從六角龍魚的觀點而言，牠們雖沒有繼續發育、變態，但牠們的整體發展已經是完整的，而未發生變態代表牠們對自身狀況十分滿意。牠們其實可以變態成長為一尾身形較大且帶肺呼吸的蠑螈，但最終牠沒有如此。套句奧地利哲學家普法勒[2]的用詞，「他寧願不要」。我們可以說：六角龍魚寧願留在牠的「第一世界」（erste Welt）中，即使於牠而言，進入「第二世界」（zweite Welt）是輕而易舉之事。

普法勒所提的第一世界，就是我們日常生活的世界，一個「有種種煩惱、挫折與妥協的現實生活」。但正由於它是平凡、尋常又令人沮喪的世界，所以大多數人才產生「第二世界」的替代想法：那是個「有夢想、願望以及烏托邦」的世界、一個充滿幻想的國度，讓我們至少可以身處其中去假想、實現真實生活中遭遇挫敗的事物。

我們在第一世界裡可能是餐廳裡的服務生，可能是律師或是兩棲生物學家，然而在第二世界裡，我們卻可能是好萊塢演員、編劇或是明星。在第一世界裡，我們和張三李四結了婚，而在第二世界裡，我們有個充滿智慧又高富帥的交往對象。第二世界還提供自我慰藉的假想機會，我們可以隨時變換成完全不同甚至是更好的人，這種另類的異想世界讓人們可以忍受現實的生活。

不過，普法勒也警告：「第二世界裡沒有另一個第二世界」。當我們企圖實現假想人生的同時，原本可以挽救生命的夢幻世界也就必然隨之消失，其中包含夢幻世界在未實現前的種種允諾。

六角龍魚與我們人類不同，牠似乎已經意識到那令人不安的事實，因此聰明地保留著第二世界。牠似乎知道，一旦實現那天賦的基因時，牠的生活並不會因此變得更美好。一旦自己變態成長了，只會剝奪原本得以自我改造的可能性。更重要的是，牠將不再是隻六角龍魚了。

1 六角龍魚為俗稱，其學名為墨西哥鈍口螈，水棲型的兩棲類，墨西哥特有種。

2 普法勒（Robert Pfaller），1962－，奧地利哲學教授。

大角羊
Das Dickhornschaf

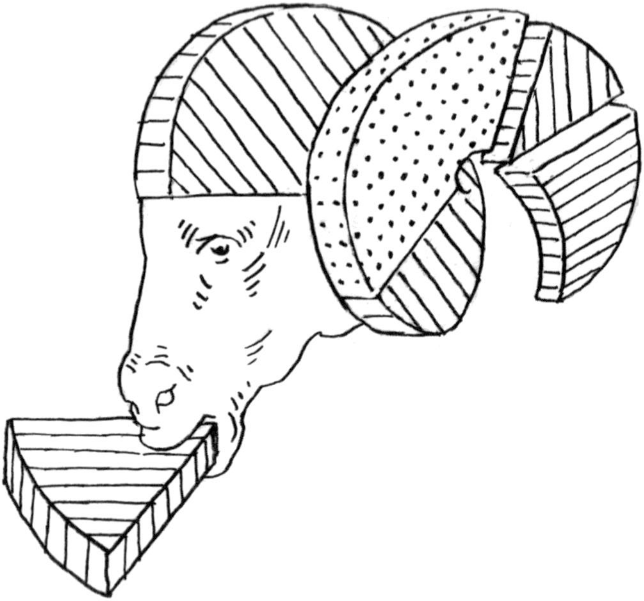

其實尺寸大小還是非常重要的，至少對大角羊而言是如此。大角羊主要活動範圍位於北美西部的山區，因此也名為「落磯山脈的驕傲」。雄性大角羊的犄角可長達八十公分，重十四公斤，耳朵上方還會向後彎成一個巨大的弧形，有些羊角彎曲弧度甚至可達到三百六十度。

雌性大角羊本能地會受擁有巨角的公羊吸引，這也是為什麼每到秋分之際，犄角大小相當的公羊會彼此較勁纏鬥，有時甚至可持續長達二十四小時之久。由於過程十分耗精竭力，所以雄性大角羊的平均壽命也就明顯比雌性來得短。

另一個造成公羊短壽的原因則是人類。大角羊頭頂厚實的犄角自十九世紀以降，就是一個令人垂涎的狩獵豐碑，這也造成大角羊的數量一路從兩百萬下修到僅存大約六萬頭。諷刺的是，原來用於防衛以及吸引異性，好讓自己在生殖繁衍上占優勢的器官，卻也同時成為進化的劣勢——落得了一個與原本武器含意完全相反的悲慘境遇。

還好大角羊的犄角並不如腦袋冥頑不靈，反而迅速地因應了進化參數的變化。自八〇年代初始，牠們的角不僅明顯變細，而且長度也平均短了五分之一。由於大角羊的犄角要長到一定大小才被允許獵捕，因此這間接增加了牠們的生存機會。這個演化的發展不僅挑戰了達爾文的假設（進化是一個緩慢的全面過程，往往耗時千年或是百萬年），也同時是經濟哲學中「去成長」（degrowth）[1]的經典範例。

一九七二年，羅馬俱樂部（Club of Rome）提出一篇報告，使這則真相變得眾所周知：人類發展已達甚或超過極限。然而大多數的人仍然死守信條，以為文化、社會、生存環境，唯有通過持續的經濟成長才有進步的可能。法國哲學家拉塔奇[2]——同時也是「去成長」運動的領導者之一——認為，「經濟主義」[3]支持了這項信念。他呼籲人們檢視現有的價值觀並且從中抽離，替換成本質相異的概念：「利他而非利己、相互合作取代肆無忌憚的競爭、志業而非職業、人際互動取代物慾滿足……用理智[4]取代理性[5]。」

但是拉塔奇認為這其中有個困難，就是現世價值不僅擁有如宗教般的崇高地位，而且還內含了系統特徵（Systemcharakter），也就是「它們由系統生成促進，而且還同時強化了這個系統」。

若我們以此推論，那麼要促使人們擺脫深植內心的經濟救贖理論，唯有來場「可能具有點醒教育意味的災難」才能實現。如果哪天，靈長類不用等到自己像大角羊般遭受大規模滅絕就能覺悟，那就太好了。

落磯山脈的大角羊已經成功擺脫了那無止盡成長的教條。我們也別變成冥頑不靈的綿羊，跟大角羊學學吧！

1 去成長是一種基於生態經濟學，反消費主義和反資本主義的思想。它也被認為是因應「增長極限困境」的重要經濟策略。去成長主張降低生產和消費，並認為過度消費是長期環境問題和社會不平等的根源。

2 拉塔奇（Serge Latouche），1940－，巴黎第十一大學的榮譽經濟學教授，擁有政治學、哲學和經濟學學位。

3 即把一切因素化約為經濟因素的思維。

4 理智（Vernunft）是屬於人類的心智能力，是一種思考、計算、衡量、推理與邏輯的能力。

5 在哲學上，理性（Rationalität）指人類能夠運用理智審慎思考，之後以推理方式推導出合理結論的思考方式。在經濟學的模型上，人會因為絕對理性而做出對自我利益最大化的行為。

端足類

Der Flohkrebs

端足目下包含的物種估計約有四萬多種，從赤道到北極圈的各大洋中，也都有這小生物的蹤影。德文常用的俗話「Sack Flöhe」[1]（一袋跳蚤）裡的跳蚤只是其中一個物種，主要分布在北美西海岸、西非以及澳洲，學名是 Streetsia challengeri。只不過很遺憾的是，這名字對於眾人而言十分陌生。

理論上來說，這不到兩厘米大的小生物應該是家喻戶曉的，因為在動物界中，牠們的雙眼極其獨特，雙眼位於胸部，後在演化過程中變成一個筒狀受光體，就像是一個被拉長並且呈現凝膠狀的潛水頭盔，這使端足類同時擁有三百六十度的視角可以環視周遭。想要悄悄靠近這種有裝甲外殼的小生物而不被注意，恐怕必須得精於偽裝或是行動迅速。

人類在西元一八八八年首度發現這個小生物，可惜當時愛默生[2]已逝世六年，無緣認識牠。不然，這位哲學家肯定可以從這小獨眼巨人中獲得無比的喜悅，畢竟，牠們的身型與愛默生《論自然》一書中提到的，對周遭環境能充分感應的人是如此地雷同：「我想當一顆透明的眼球，毫不起眼卻能看盡一切」。若用現代卡通手法來表達，我們可以看到一位有著像端足類般瘦長身軀的哲學家，但這身為端足類的親戚，身體最上方不是頭顱，而是個可以看見所有東西的透明眼球。

愛默生想藉這種怪異的嘲諷，對世人提出新的觀察方式，尤其是自然體驗。這位哲學家詩人認為，大多數成年人的視覺感知（Augensinn）其實是膚淺的：感知程度最多僅達到視網膜階段，而非深入到內心。真正深入以及真實的觀看，應該是像兒童與詩人一般，滲透到人的「深層感知」，並且引發悸動。沒錯，它會使大腦與自然和諧共鳴，進而使自我與世界之間的界限變得模糊。人類會視自己為植物與動物的親戚，將自我分解成大洋中的一粒鹽，或是以愛默生的話，並且以符合端足類的海洋意象來表達，「萬物支流襲捲沖刷著我；我是上帝的一部分或是其中的碎片」。

我們不知道當端足類在海面下數百公尺深處游移時，是否也透過牠們透明的眼球，產生了這類刻骨銘心的超經驗思維，抑或牠們只希望自己不要成為捕食者口中的一部分或是碎片。不過有件事是確定的：我們這種鬱悶、陰沉的兩眼動物可以效仿端足類，以不帶偏見的開放視角來觀看自己的周遭。牠們不會以異樣眼光看待他人、不會以挑剔的角度檢視他人、不會對陌生的雌性端足類目不轉睛，也絕不會因為不耐煩而翻白眼。牠們毫不遲疑地接受湧入的各種感官印象。

如果我們有幸在潛水時看到這個小生物，應該秉持虔誠的心態，從各個角度好好觀察牠，然後親切地對牠吐泡泡表示：「寶貝，我能看進你的心坎裡。」

1 表難以達成之事。由於跳蚤非常小，所以很難捕捉，更遑論有滿袋（sack）的跳蚤。

2 愛默生（Ralph Waldo Emerson），1803 – 1882，美國十九世紀重要文學家、思想家，著有《論自然》等書。

獅子

Der Löwe

第三次十字軍東征時，英國國王理查一世[1]表現出勇猛與兇殘之氣，因而獲得「獅心王」的稱號；莎士比亞筆下的馬克白，在荒野遇見三位女巫時，女巫們勸他「要像獅子一樣地無畏」；而德國慕尼黑市中心統帥堂（Feldherrnhalle）裡，表彰「勇敢的巴伐利亞軍隊」的紀念碑，亦是由兩隻莊嚴的石獅守護著。

以上這三個強調猛獅威儀的例子足以顯示：獅子這個「萬獸之王」不僅被視為明君的圖騰，也同時是氣魄的縮影。這是件很有趣的事，因為這個圖像，與一般（不帶偏見的）訪客在動物園裡所看到的截然不同。這差異在豹屬中的獅子（學名：Panthera Leo）身上，尤其在雄性部份最為顯著。如果不是恰好幸運地碰上餵食時間，一般訪客只會在獅子籠裡看到一坨沙色皮毛打鼾著，牠們唯一能稱得上英勇的行為，就是偶爾伸展四肢，並且走向遊客的方向去小便。即使我們將這個不怎麼雄偉的行為歸咎於獅籠的限制，卻仍可以確定一件事：無論是在動物園裡或是野外，雄獅就是懶。牠們每天有大約二十個小時的時間都只是躺在陰涼處，側耳傾聽熱帶草原上的動靜。牠的英雄聲譽是否實至名歸呢？

獅子的英雄主義或許與睡眠有關。如同斯洛維尼亞哲學家齊澤克[2]在一篇針對弗洛伊德《夢的解析》（Traumdeutung）所寫的評論裡認為，夢境是源於人們「有意識地想擺脫某種令人感到壓迫而且不安的念頭」，進而扭曲這個念頭，並「將其轉化為夢的象形文字」，以便將其擺脫。根據齊澤克的理論，這些象形文字往往比白天的經歷更可怕，它們「遠比表面的現實更讓人難以忍受」。因此，我們從夢中清醒，並非是冰冷的現實將我們從甜美的夢鄉撕裂而出，恰恰相反，我們從夢中清醒是為了逃離夢裡的恐懼。

「弗洛伊德在夢的解析裡，給我們上了重要的一課：現實因那些受不了夢的人而存在」。假若我們換個簡單卻帶挑釁意味的說法，那就是：「清醒是種怯弱」。

可惜我們無法得知獅子整天做什麼夢（根據維根斯坦[3]的名言：即使牠們能開口傾訴，我們也不會明白）。但是，獅子在做夢是無庸置疑的。這個與人類一樣的胎盤動物，牠們的睡眠時間裡有高達二十五%的時刻，處於快速動眼期（REM-Phase）[4]。也就是說，勇敢的雄獅每天有將近五個小時的時間在忙著做夢，解譯著夢裡令人畏懼的象形文字，以及面對內心的惡魔。當其他膽怯的動物都只是慌亂地逃入清醒的世界裡，萬獸之王只是瀟灑地打個哈欠，充滿男性魅力地步入另一個世界。

好一個令人羡慕的能力啊！這對於愛賴床的人也是種慰藉。從今而後，你們可以理直氣壯地說：我不是在睡覺，而是宛如雄獅般地戰鬥著。

1 理查一世（King Richard I），1157－1199，中世紀的英格蘭國王。

2 齊澤克（Slavoj Zizek），1949－，斯洛維尼亞社會學家、哲學家與文化批評家，亦為心理分析理論家。著有《意識形態的崇高客體》等書。

3 維根斯坦（Ludwig Josef Johann Wittgenstein），1889－1951，奧地利哲學家，後入英國籍。維根斯坦是二十世紀最有影響力的哲學家之一，其研究領域主要在語言哲學、心靈哲學和數學哲學等方面。著有《邏輯哲學論》、《哲學研究》等書。

4 快速動眼期是睡眠的一個階段，在此階段眼球會快速移動，身體的肌肉也會放鬆。多數在醒來後能夠回憶起的夢，多是在此時期發生的。

天鵝
Der Schwan

幾年前，我在斯圖加特（Stuttgart）的皇家花園裡，偶然遇到了一隻疣鼻天鵝[1]。在這公園裡看見天鵝並不奇怪，怪的是牠選擇孵育下一代的地方——一處自六〇年代就布滿醜陋水泥石圈的區塊。天鵝散發自身特有的氣質，兀自昂首靜坐在斑馬線與三色紫羅蘭花間，莊嚴地凝視四周嬉鬧的行人、溜直排輪的人以及清潔隊員。只有當人們太靠近時，牠才會伸長脖子發出警告。

這肯定與所謂不受干擾的孵化鳥巢標準相距甚遠，但是就象徵意義的角度而言，天鵝選擇了一個輝煌的孵化場，因為此處就位於斯圖加特國家歌劇院的正前方。就在不到一百公尺遠處，與牠同種的人造鵝不時演著華格納的歌劇羅恩格林[2]，還有些穿著白羽絨毛禮服的芭蕾舞者，將在那跳一曲《天鵝湖》。也許天鵝明白，就算完全暴露在其他掠食動物以及不良青少年的視線下，也無所謂。

人們習慣將天鵝視為占卜鳥，德文還會用天鵝表達不好的預感，暗指可能有憾事發生。蘇格拉底也曾讚嘆天鵝可以預知自身的死亡，並表示當牠收起天鵝振翅的羽翼時，天鵝的眼裡是閃耀著喜悅的。柏拉圖的《斐多篇》[3]中，記載著蘇格拉底臨刑前對隨行弟子的訓誡：「在我看來，你們對我的臨終寄言，還及不上一隻天鵝」，「天鵝預知自己將死去的那一剎那，會提起嗓子歌唱，牠唱得比任何時候更加的嘹亮動聽，因為牠為自己即將侍奉的神而高興。」一文中所指的神是阿波羅，亦為神諭與歌唱之神。

根據蘇格拉底，天鵝關注死後世界更甚於現世生活，這同時也意味著：天鵝是個真正的哲學家。蒙田[4]認為「探討哲學是為了學習死亡」，所以他在釋義柏拉圖的對話錄時曾指出，一個人只要思考死亡比思考其他事務多，且透過這種常態性的接觸，就可以揭開死亡的神祕。蒙田進一步表示：「教人死亡就是教人如何生活」。或許天鵝已經從這個過程昇華而出，所以表現出令人著迷的平靜：牠們總是無畏甚至喜悅地期待，自己的生命終結的那一刻。

可惜對此我們只能推測，因為天鵝並未針對這個主題，對世人提出精確的語義表達[5]過。即便是羅恩格林，一個最貼近天鵝內心世界的人，也可能不願與世間凡人分享他所預知的未來——他在華格納歌劇裡警告自己的未婚妻：「絕對不要問我／也別知悉」，當她還是提出疑問時，她雖然獲得了答案，卻也在當下失去了丈夫。

也許學習死亡——這個天鵝處理得游刃有餘的命題——是哲學問題中最艱難的一個學問，它是種必須獨自孵化的藝術。人類從這謎樣之鳥身上，唯一直接學習到的死亡智慧，彷如維根斯坦所言：說不出的部分，就必須用唱的來表達。

1 疣鼻天鵝是一種大型的游禽，體色潔白，脖頸細長，前額有一塊瘤疣的突起，因得此名。

2 羅恩格林（Lohengrin）是《羅恩格林》劇中的聖杯騎士。此劇為一部三幕的浪漫歌劇，描述天鵝騎士冒險拯救一位少女的故事。

3 《斐多篇》（Phaidon）是柏拉圖的第四篇對話錄，此篇著重於蘇格拉底飲下毒藥前的對話。在對話中，蘇格拉底從多方面試圖證明靈魂的存在。

4 蒙田（Michel de Montaigne），1533 – 1592，法國文藝復興時期的哲學家，著有《隨筆集》。

5 作者註：如本書第一章談的烏鶇，天鵝的鳴叫也是屬於泛義的。

駱駝

Das Kamel

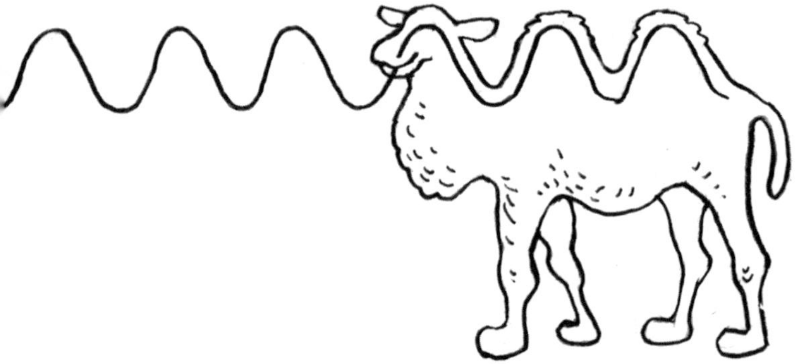

「駝子」是個罵人的字眼，在德文裡，駱駝的俗稱「Trampeltier」也非恭維之詞[1]。然而這個溫馴的沙漠之舟，擁有許多人類可以學習、效仿之處，像是碰上沙塵暴時要關閉鼻孔；氣溫炎熱時，將身體體溫相對提高六度以避免出汗；牠們還教我們，能如何超過兩週不沾一滴水，以及如何將多餘的卡路里存放在背上那順勢突起的脂肪墊裡（需要時還可拿來消耗）。而最重要的是，我們可以學習駱駝如何實實在在地熱情嘶吼。

雄性單峰駱駝的上顎處，有一個足球大小的充氣肉袋，人們稱其為「嘶吼袋」（Brüllsack, Brüllbeutel），或者詩意點稱為「軟顎」。駱駝的交配期從每年十月持續至隔年三月，這段時期，肉袋會伴隨著大量的白沫露出嘴外，同時還會不時發出低沉、滑溜溜的汩汩聲，令人忍不住聯想到池塘裡巨大青蛙發出的蛙鳴。之後，駱駝會收放囊袋，就像是從嘴角展開的氣球般，吸回然後再次鼓出。

羅蘭．巴特[2]應該會很欣賞這種動物，因為沒有任何其他動物可以像駱駝般體現他對「質樸聲音」（Rauheit der Stimme）的理想。一九七二年，羅蘭．巴特首次針對這個主題，在音樂雜誌《戲遊音樂》（Musique en jeu）上發表論文，文中將「歌唱」分成兩種類型：一種是以理解度、結構性為重點，著重流暢性的「現象表達」型——羅蘭．巴特認為這類型的演唱法，充其量只能為聽眾帶來膚淺的知性滿足，也就是他在其他著作裡所貶稱的「歡愉」；而另一種歌唱類型，是粗糙以及發自身體的真實「生成表達」型，表達重心放在聲音的質感上，聽眾還可以聽見「舌頭、聲門、牙齒、內壁以及鼻子」（當然也可以外加「軟顎」）的聲音，並引領聽眾感到「陶醉」。

雄性駱駝展現的聲樂技巧，其實就是在求偶過程中毫不掩飾地掀出內在，充分展現完整的自我，而事實也證明，牠使用了正確的技巧，因為就在低鳴呼喚後，隨即有了交配。

或許除了情色、生理成分外，牠的低吼聲還具有形而上的面向？畢竟自古以來，人們將伴隨歌唱時外吐的氣息視為一種精神象徵，象徵由身體提供動力的生命力量。

「呼吸就是靈魂」羅蘭．巴特如此寫道，一個「腫脹抑或皺褶的靈魂」。我們可以將這個概念套用在駱駝的世界裡：雄性駱駝因求偶而低吼，而那低吼源自內心深處的靈魂，然而與人類不同的是，牠可以隨時輕鬆地吞回去。牠實實在在地獻出一切，卻也可以完全收回。所以牠有時會是具殭屍，在一瞬間失去靈魂，但在下一瞬間，又成為慷慨激昂的深情演唱者。

如果牠的女人看不上這些偉大的特質，卻仍然將牠趕回沙漠幹活呢？好吧，在這種情況下，至少牠還有水、脂肪儲備槽、身體恆溫機能以及可以適時閉闔的鼻孔。

1 指手腳不靈敏的人。

2 羅蘭．巴特（Roland Barthes），1915 – 1980，法國文學批評家、文學家、社會學家、哲學家以及符號學家，著有《戀人絮語》、《符號帝國》、《寫作的零度》、《神話學》等書。

啄木鳥

Der Specht

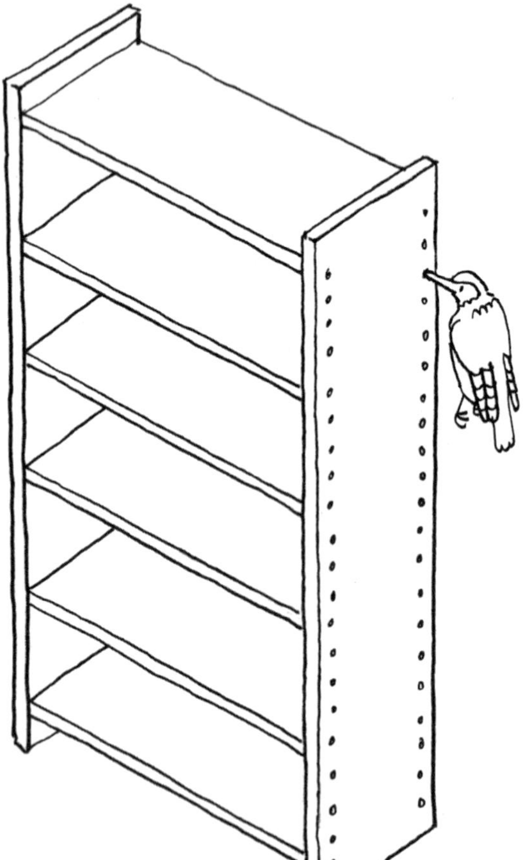

為什麼啄木鳥不會頭疼？我想，這問題肯定是生物考試最愛的試題之一，而且考生也一定馬上知道此問題的重要性。因為如果有人每天把臉以時速二十五公里的速度，對著一塊木頭敲打一萬兩千次，那麼他腦袋肯定有問題，而且保證事後頭昏眼花。叩叩叩。

從解剖學的角度回答這問題，其實很容易，因為啄木鳥的大腦幾乎被顱骨完全填滿，所以不像人類在遇到震動時，腦會在腦脊液裡左右晃動。此外，啄木鳥的鳥喙上方額骨還有骨柱可以固定住。而最重要的是，牠的嘴是由一整排與撞擊方向橫切拉緊的肌肉（宛如減震器般）連接到頭骨。

若是從心理層面來思考這個現象，那就複雜許多了。因為啄木鳥可能已經上癮甚至成了工作偏執狂，並且以難以置信的盡忠職守，不停地鑽洞。如果一隻大斑啄木鳥（Buntspecht）想為自己的幼鳥鑿一個窩，牠可能只需花上兩周的時間。在這十四天，牠就像人類裡的工作狂一樣，在崗位上（樹幹）埋「頭」苦幹以完成項目。牠的腦袋裡只有「洞！洞！洞！」，然後拼命敲啊敲的，而牠施展的力氣還大到必須要閉上眼睛，免得眼珠子掉出來。

雖同屬鳥類，卻有種旋木雀（Baumläufer）[1]完全有別於啄木鳥。這種鳥只會在樹幹上咻咻咻使勁地來回飛著，再時而用牠那鑷子般的細嘴輕啄樹皮。反觀啄木鳥，牠則會鑽得很深入，完全符合牠這種追根究底的動物，不停挖掘鑽研。

然而，啄木鳥為何不會對這種令人身心交瘁的鑽樹苦活感到痛楚呢？

為什麼即便再來個十幾萬次的撞擊，牠仍然不會耳鳴呢？經過我長時間的冥思與鑽研，唯一能找到的解釋就是，啄木鳥是種聰明的小動物，牠認為那些敲擊既非是體力活，也不費心智，而只是種「作務」（日文：SAMU）。

在禪宗的脈絡下，這個日語單詞指的是簡單、日夜反覆的活動，例如清掃、擦拭、切菜、園藝或是劈材等等。它們通常是寺院裡的日常活動，就像坐禪一樣，在理想狀況下，可以啟蒙並且引導我們增進對萬物的認識。更重要的是，作務是既無私也無目標導向的行為，裡頭只有奉獻與專注，使我們平緩且有節奏地（定期重複）專注在事務上，而不追問任務的意義。

所謂「啄木鳥之道」就是找出一個可以讓自己冥思的活動，首先讓自己像隻大班啄木鳥般低頭、沉浸在一棵已經被蟲蛀蝕的櫸木裡，然後用心理與生理——頭顱以及身體——秉持著伐木工人般的執著與耐心，使勁地用腦一擊再一擊（切記別試圖用頭四處亂敲），直到自認感知了事物的本質，或者至少看見隧道盡頭的天光才停止。

假使在重複了幾十萬次相同動作之後感到無聊，你也別抱怨，閉住你的鳥嘴。怎麼？光是這個想像就讓你頭痛了吧？可見你還不如啄木鳥，還是另尋格物求知之道吧！旋木雀如何？

1 鳥綱雀形目的一個鳴禽科，形似啄木鳥，擅長攀樹。

切蛋魚

Der Pacú

切蛋魚（Pacús）的模樣著實令人望之生畏，牠們棲息於熱帶美洲的淡水流域，身長可達一米多，重約三十公斤。牠們擁有圓盤狀的身軀、有力的上下頜，與食人魚（Piranhas）相似，只是牠們的牙齒相對其惡名昭彰的親戚而言，比較鈍。據說，切蛋魚對男人已漸漸造成嚴重威脅，英語系國家喜歡稱牠們為「ball cutter」——幾年前，丹麥哥本哈根出現了切蛋魚的蹤跡，當地的報紙還奉勸所有泳者，要注意自己的泳褲是否合身。

不過以上的描述完全是無稽之談，因為這個學名為鋸腹脂鯉的成魚，性情溫和，通常只吃堅果，尤其喜歡橡膠樹的油性種子。牠們偏好素食的事實令人感到詫異，畢竟牠們還是幼魚時，其實是喜歡吃肉的。切蛋魚出生時是肉食性的，喜愛食用蝸牛、昆蟲以及其他小動物，到了成魚階段，牠們才修正年少時的偏差，並開始在道德上將自己提升為素食主義者。

自此，切蛋魚在飲食哲學上做了個大轉彎，就像普魯塔克[1]在兩千年前即倡導茹素。當時他在〈關於吃肉〉一文中表示，遠古時代的人類可能會以缺乏營養，來為自己食用腐肉的行為做辯解。他寫道，遠古的人可能會欣羡地說：「哦，你們這些幸運兒，神最愛的子民們，在你們生存的世界裡，可以不被血玷汙卻依然豐衣足食；而我們，卻得在恐怖與憂鬱的時代裡展開生命。……飢餓使我們無暇，也無法擁有種子，一旦飢餓來臨，就到了無法忍耐的程度，所以我們違背自然，動手取用動物的肉。」

如今就遠古人類的標準來看，無須肉食的存活條件已經十分充裕，所以現在仍然吃動物的人，無非是出於貪吃、享樂或是純粹的「殺戮慾望」。

這個觀點依然適用於現代社會，因為我們比普魯塔克以及那個時代的人更清楚地知道，動物是有血有肉的生物，而且牠們擁有自己的興趣、認知以及感受。對於現代人而言，吃素可比古時代的人更容易（至少像住在鄉村的普魯塔克一樣）。然而我們卻還是沉溺在肉食的世界裡，光在德國，每人一輩子平均可以吃掉七百頭動物——這還不包含海鮮類。

如果這個來自南美的鋸腹脂鯉能夠使用言語，牠們會教我們什麼呢？首先，即便在社會化的過程抑或以人類牙齒的結構而言，我們似乎都注定成為肉食動物，但是到了成年之後，依然可以選擇無肉飲食，更何況靠吃菜減重永遠不嫌晚。其次，我們可以超越自身，認識其他動物的權益，並尊重牠們，不施苦痛於其他物種（當成年的切蛋魚停止食用自己曾愛吃的浮游生物時，這種行徑可說是反物種歧視[2]的表率）。

切蛋魚還可以教我們的是：無論牠們的反物種主義有多高尚，其實我們談的只是一條圓盤狀的淡水魚啊！這些無法言語、有著圓滾滾眼珠子的切蛋魚能做到的一切，對人類而言應該是小菜一碟吧！

1 普魯塔克（Plutarch）生於西元前四十六年，羅馬時代的希臘作家。

2 物種歧視（Speciesism）主要是指「人類物種歧視主義」，即把非人類的動物排除於人類的道德範圍以外，並視之為可隨意處置的對象。

側手翻蜘蛛

Die Radlerspinne

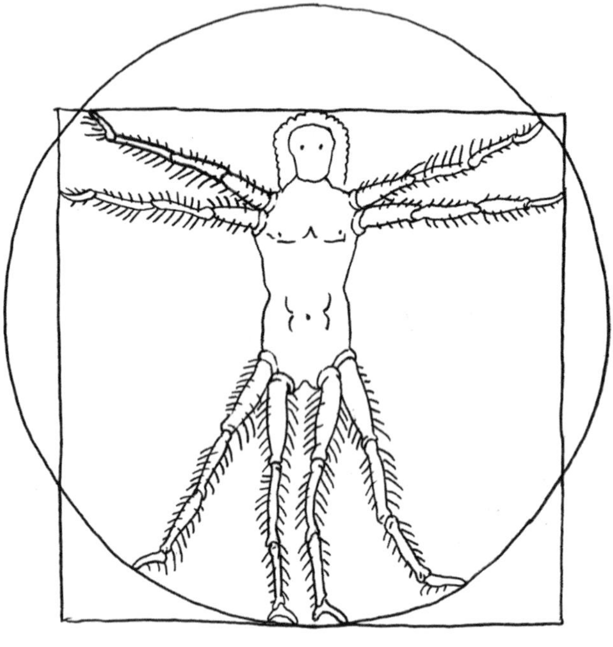

果真是「蛛」如其名！摩洛哥東南部有一種側手翻蜘蛛，牠最顯著的特點就是可以自己側翻，所以還有個別名，摩洛哥後翻蜘蛛（Flickflack-Spinne）。這個小動物不到兩公分大，一旦感到威脅時（或是看見蝴蝶及其他美味佳餚時），牠們會放棄原本的爬行方式，並且以驚人的速度加快移動，同時做上幾個連續前翻或後翻、上坡或下坡的動作。當牠們縱橫在榭比沙漠（Erg-Chebbi-Wüste）沙丘上，為了保護自己（或是去撞擊那些被嚇歪的倒楣鬼），牠們會翻轉身體，移動的速度甚至可以達到每秒兩公尺。對於這位八條腿的體操運動員來說，即使是四十％的坡度，也只是輕而易舉。

側手翻蜘蛛的學名是 cebrennus rechenbergi，因為發現牠的學者姓 Rechenberg。雷先伯格（Ingo Rechenberg）是德國柏林技術大學的仿生物學家，他首次在二〇一四年提出這則發現。不過驚訝的是，早在二四〇〇年前就有相當類似這動物的描繪：「牠們不僅能直挺挺地任意移動，趕時間時還可以側翻、伸展牠們的腿，並以圓圈的方式搖擺著，然後再以八肢轉圈的方式迅速向前。」那是柏拉圖《饗宴》（Symposion）篇上的記載，只是他描述的對象不是北非巨型蜘蛛，而是人類。

本來，柏拉圖——或是嘴裡老掛著哲學家一詞的喜劇詩人阿里斯托芬（Aristophanes）——想表達的概念是，起初「每個人都是圓的」，而且「背部與兩側形成球型，每個人都有四隻手和四條腿」（這毫無疑問是在描述蜘蛛）。只是當時的（蜘蛛）人不像他們的親戚側手翻蜘蛛，他們不會使用自己的生理特長爬上陡峭沙丘，而是「鋪平通往天上的路，準備去攻擊眾神」。神當然不會對他們囂張的企圖袖手旁觀，於是神將人切割成兩半，再將多餘的皮膚末端扎成肚臍，並讓他們的臉朝著裁切面，好讓這些鬧事者永遠記得自己的魯莽。

可惜的是，人類完全未從中學到任何東西！如同阿里斯托芬進一步寫道，人們自此絕望地尋找彼此的另一半，以便重回原始的球型，再次成為具有八條腿的動物。

現在，人類試圖透過科技來彌補自身的缺失，好比雷先柏格教授已立下目標，要建構一台以側手翻蜘蛛為範本的機器人，他還參考非洲柏柏語（Berberwort）對蜘蛛的稱法 tabacha，將機器人命名為 Tabbot。Tabbot 會像後翻蜘蛛一樣前後移動，而且根據發明者的構想，有一天 Tabbot 可以在太空執行類似登陸火星的任務。

或許有人會對這勇敢的教授提出忠告，「小心！神不喜歡人類太接近祂們，尤其是有八隻腿的生物！」還有，後翻蜘蛛也可作為另一種警示，因為當牠們在灼熱的撒哈拉沙漠翻滾太久時，可能會突然衰竭、暴斃。

鴕鳥

Der Vogel Strauß

對於我們這種沒有羽毛的雙足動物[1]而言，這個超過人類個子的鴕鳥實在是個壞榜樣，而且這種想法早在兩千年前就存在了。老普林尼（Plinius der Ältere）[2]在所著的《自然史》（Naturgeschichte）一書中曾揶揄鴕鳥的愚蠢：「當牠們低下頭躲進灌木叢時，還真以為自己身體的其餘部分都被遮住隱藏了」。

人們對鴕鳥的偏見延續到今天，只要有人被形容是以「鴕鳥原則」行事，或是推動「鴕鳥政策」，甚至是試圖用「鴕鳥演算法」解決電腦科學問題，都會被歸類為不願面對真相之人。

但是，難道只有小孩或是既愚蠢又不會飛的鴕鳥，才會把頭埋進沙堆裡，同時冀望所有對政治的不滿、電腦當機等問題，可藉由這種持續的漠視迎刃而解嗎？

如果我們逐一檢視，就會發現著名的哲學家中也有類似鴕鳥行為者。他們的感知方式依照「激進唯心主義」原則，其中最著名的莫過於具有哲學家和神學家身分的貝克萊主教（George Berkeley）[3]。在他一七一〇年發表的代表作《人類知識原理》（A Treatise Concerning the Principles of Human Knowledge）裡，這位後來成為英國克洛因（Cloyne）主教的哲學家，為了力抗當時正逐漸嶄露頭角的「唯物主義」，提出「除了精神以及為人所感知到的事物，不存在任何其他物質」，也就是說舉凡看不到、聽不到、嚐不到、聞不到或觸摸不到的物質都不存在，而我們在這個物質世界所知的一切，都該歸功於自我感官印象。從反方向來看，就是唯有被感官知覺到的物質才算存在。Esse est percipi ——從這位愛爾蘭學者想法，推導出的著名命題——亦即「存在就是被感知」。

對於特定事物以及對象而言，要使用如此過度強調感知的態度，可能有些不切實際。例如森林裡備受讚揚的樹，即便無人在附近瞻仰，也肯定仍然佇立其中；飢餓的豹也不會因為被攻擊的鴕鳥將感官器官都埋進沙堆，就自動融化在空氣裡。然而，使用所謂的鴕鳥原則，卻可有效去除仇外心理、恐懼或是懷疑這類抽象情緒，因為這些情緒是被感受的，它們的存在形式並非自主，須受既定意識感受才能形成。

這些情緒狀態像是飢渴的猛獸般，需要不斷被餵食新的食物——也就是各種感官上的刺激——諸如恐怖、暴力和危險的圖像，還有人類社會裡頻傳的意外，以及社會不安等各種負面的感覺。如果能偶爾自我節制、停止吸收，則可以避免養大這類的胃口。

換句話說，在面對電視以及在螢幕上大量放送關於戰爭、攻擊以及災難等報導時，我們應該師法鴕鳥（學名：struthionisches），將頭埋入泥土層中，閉上眼睛、塞住耳朵，享受舒緩的黑暗以及寧靜，然後再小心緩緩地將頭探出，確認攻擊者究竟是有血有肉的掠奪動物，或者只是螢幕上被放大的海市蜃樓裡的一個小點。效法鴕鳥精神並不意味著忽視外在世界，只是偶爾將意識之門關閉，以保持頭腦冷靜而已。

對了，在此補上個壞消息，當鴕鳥感受到威脅時，牠們根本不會把頭埋在沙子裡，相反地，牠們會以時速七十公里的速度逃離，或是用帶爪的腳施展連豹都會抱頭亂竄的臨腳一踢。當鴕鳥將牠們的小頭向地面伸展時，牠們要不是準備用喙理好自己的巢，就是想要靜靜地吃頓飯。牠們會把頭鑽進土裡的印象，純粹是一種幻覺。

另一個消息是，如果你把貝克萊主教的看法當真，認為每一個esse（存在）都歸因於一個percipi（被感知），而每一個真理都是一種感知的結果，那麼鴕鳥原則就是正確的——如果人類從幾千年來就一直在觀察這動物如何把頭往沙堆裡鑽，那麼人類自己也在做一樣的事。

1 作者註：關於無羽毛雙足動物的概念以及「難以區別鳥類與人類的差異」等論述，在「小雞」一篇會有較多論述。

2 人稱老普林尼或是大普林尼，23 — 79，古羅馬作家以及博物學者。

3 貝克萊主教，1685 — 1753，愛爾蘭哲學家，與洛克、休謨被視為是英國近代經驗主義哲學的三大代表人物。

乳牛

Die Kuh

米莉是我童年的偶像。當時的她雖然才剛滿十二歲，不過，她在我眼中卻是既成熟又聰明。她的個子比我高、比我壯，留著一頭漂亮略帶點紅的黃髮，每當她用那又大又充滿智慧的圓眼看著我，總能讓人感受到善意以及好奇。而最重要的是，她那恬靜的態度讓人欣羡，除了在某次餵食時，我不小心拿乾草叉戳了她的鼻子，她才失去鎮定。

米莉其實是頭乳牛，準確的說，牠是頭法蘭克種黃牛。牠們的情緒穩定並非浪得虛名，幾乎沒有任何動物比人類豢養的牛更溫柔、有耐心——而尼采[1]早就知道「所有的好東西都帶點慵懶，就像牛一般駐足在草地上」。網路上還真的有舒緩的哞哞牛叫聲供人下載，給那些如同老牛般辛勤工作的上班族；市面上也有些饒富趣味的勵志書籍，掛上諸如「俯拾幸運草」之類的標題，並在封面上將牛比喻成瑜伽修行者。

牛除了提供牛奶以及肉的傳統角色外，在西方還常被養生事業推崇成令人心生嚮往的動物。為什麼？這個答案也可能和尼采有關，因為牛是種反芻動物。尼采認為「即便人獲得了全世界，可還有一件事沒法學會，就是反芻」，所以他在《查拉圖斯特拉如是說》（Also sprach Zarathustra）一書中寫道，一位回歸田野並希望在牛群裡找尋自我喜樂的隱士呼喊著：「他（人）終究還是無法拋棄傷悲」。乍聽之下很有道裡，然而，隨即冒出的疑問就是，人類如何能僅以一個小小的胃去轉化食物呢？畢竟牛以及其他反芻動物具有相應功能的胃，可以消化食物並且適時再反芻。

不過，隱士在這裡所指的反芻或許不僅僅是種生理活動，也是種心理過程。這兩者的連結也顯示在反芻動物的拉丁學名 Ruminantia 上——它的動詞 ruminare 不僅表示「反芻」，也表示「深度思考一件事」，它意味著將記憶內容從記憶的儲存處傳遞到意識，並再次處理。

牛可以花上九小時反芻，咀嚼運動達三萬次。所以勸人碰上問題要緊咬牙關不鬆懈，或是警告不細嚼慢嚥會傷胃的說法，也是頗有道理的。如果我們想要像頭牛一般閒適，那麼應該要學習牠如何咀嚼食物，如何處理過期發酵的記憶以及未解的難題。對於胃裡留下的殘餘，我們可以先置之不理，再時而「從遙遠溫和的記憶」（席勒語）中取出，靜靜地咀嚼。而且最好是躺在夏季的草原上，不受口渴以及惱人的蒼蠅打擾。還有，在舊的經驗還尚未消化完畢前，不要再納入新的。別再不停地渴望變化！

乳牛幸福的祕訣其實就是將千篇一律的循環，視為一種存在的基本條件。乳牛幸福的祕訣其實很簡單，就是……吃慢一點，好好享受你的食物！

1 尼采（Friedrich Nietzsche），1844 – 1900，著名德國哲學家、詩人、作曲家，其作品對於道德、宗教、科學、美學皆曾提出精湛的批判，亦提出上帝已死、超人說、主奴道德說、精神三變等理論。著有《查拉圖斯特拉如是說》、《偶像的黃昏》、《道德系譜學》等書。

蛇

Die Schlange

「我畫的圖嚇到你了嗎?」小孩問道。

「沒有啊。就一個帽子,有什麼好恐怖?」大人回應。

「可是那不是帽子。」小孩說,同時又拿出一張圖,圖片上畫了一條吃下大象的巨蛇。

假若你從沒有親眼目睹過巨蟒如何消化吞下的食物,可以參考名著《小王子》裡的場景,就可以從中了解到有鱗目[1]爬蟲動物迷人的重要技能之一。蛇可以吞噬超過自己體型許多倍大的動物,而由於牠們沒有獠牙或下頜骨,因此所有的犧牲品都被完整送進胃裡。儘管有著強蝕性的胃液,食物還是需要大約一週才能完成消化。

森蚺[2]可以吞下整頭的羚羊;蟒蛇能吃下豪豬;食卵蛇則可以嚥下比

自己頭部直徑還大五倍的鳥蛋。

為了能徹底執行消化功能，蛇有個符合「吃到飽」的生理設計——牠們的下顎骨並未癒合生長，而是靠一條能伸縮的韌帶連結，因此上下顎間可以伸展的幅度非常大。牠們的肋骨與脊椎間的接縫極具彈性，使得蛇可以任意伸展而無骨折的風險。那麼像我們這種咬一口雙層吉士漢堡，就有可能下顎脫臼，或是有膽固醇過高之虞的人類，究竟能從這些爬行高手身上學到些什麼呢？

蛇的進食行為，教導我們如何勇敢地去面對「崇高」的感受。康德[3]對崇高的定義是「不僅很巨大，而且完全、絕對、在各個層面（超越所有的比較）都很巨大」。崇高就是超越我們可理解的範圍，並且浩瀚到讓我們感到不堪重負，而這種深不可測的距離，讓我們產生無力感。最鮮明的例子就是蒼茫大海的景色、綿延不絕的山巒，或是廣大的星空。儘管如此，當我們面對崇高時並不會倉皇逃離，而是以既懼怕又好奇的矛盾心情深受其吸引。為什麼？

席勒[4]延續康德的思想指出，崇高也同時喚醒了一種自由的感覺。當我們認知到感知其實具有侷限時，崇高能使我們意識到，精神可以超越那些限制。「因此我們經由體驗崇高，發覺精神狀態其實無須受限於感官狀態」，席勒寫道「自然界的規律不需要與我們的（規律）相同，而我們心中有個不受感官左右的獨立原則」。這個原則就是想像力，它使我們想像的範圍超越了自身感知所及，超越眼睛所視、耳朵所聽以及鼻子所嗅。它為飢餓的蟒蛇帶來勇氣，能將其小巧的嘴套在大鱷魚身上。

如果蛇不是正好滿嘴食物，並且接下來的七天都忙著消化，牠可能會這樣告訴我們：有些事物雖然碩大無朋，但也不代表難以理解。所以當你乍看某物，發現根本咬不下去時，請放大你的想像力再試一次。人類的大腦就像蟒蛇的大嘴一般，要打開了才有用處。

敢想還要敢夢！在想像的國度裡，萬事皆可能；在想像的國度裡，你可以看見地平線的盡頭、山脈的另一端以及天上的繁星；在想像的國度裡，大蛇甚至可以吞象。

1 有鱗目（Schuppenkriechtiere），學名 Squamata，是現今爬蟲綱中最大的目，其中包括蜥蜴、蛇和蚓蜥。

2 森蚺（Anacondas）是一種無毒蛇，也是世界上最重的蛇，體長可達六．六公尺。

3 康德（Immanuel Kant），1724 – 1804，啟蒙時代著名德國哲學家，德國古典哲學創始人，其學說深深影響近代西方哲學，並開啟了德國唯心主義和康德義務主義等學派。康德核心的三大著作被合稱為「三大批判」，即《純粹理性批判》、《實踐理性批判》和《判斷力批判》。

4 席勒（Friedrich Schiller），1759 – 1805，神聖羅馬帝國著名詩人、哲學家、歷史學家和劇作家，德國啟蒙文學的代表人物之一。席勒是德國文學史上著名「狂飆突進運動」的代表人物，其地位被公認為德意志文學史上，僅次於歌德的偉大作家。著有《美育書簡》等書。

水母

Die Qualle

某個夏日夜晚，北海的岸邊正吹著海風，無數的海月水母[1]被海浪席捲到岸上，就像是一堆巨型果凍散置在沙灘上。水母的體型大小不一，大的幾乎跟黑膠唱片一般大，可是幾個小時後，當我再回到沙灘，牠們卻不見蹤影了。假若真想要找到牠們曾經存在過的蛛絲馬跡，頂多就剩下彷如小黑圈的性器官還留在沙灘上。

其實這種現象也在所難免，畢竟海月水母全身上下的含水量超過九十八％。世上大概沒有其他生物像水母一樣，與自身的生存環境有著如此類似的組成成分。如果水母身上沒有一些膠狀物質，以及前面提到為了繁衍的性腺，大家可能會認為牠們確實與其周圍的水幾乎一樣。牠們在海裡完全適得其所，然而一旦移到空氣和太陽下，就化為烏有。

水母體內的含水量如此之高，卻還能自成一個封閉系統，自給自足運作，簡直是個奇蹟。牠在某種程度上類似宇宙，因為宇宙幾乎也是由空無一物所組成的，或是說經由人眼無法識別，而且機器也無法測量的物質所組成，這種物質同時有個特性，就是即使它們總量相對有限，卻仍能維持宇宙的結構，不使其分崩離析——這物質就是物理學家所稱的「暗物質」[2]。

這樣說來，水母的存在挑戰了西方哲學的宇宙觀。自古以來，人們總是將宇宙與人相比擬：宇宙是個大世界，活脫是一個人的放大版，相對的，人是宇宙的縮小版，宇宙的重要元素都濃縮在裡頭。柏拉圖讚頌他的老師蘇格拉底提出的「宇宙之身」（Körper des Weltalls）；中世紀後期的學者阿格里帕[3]將人稱之為「第二世界」；叔本華則說：「所以從這種雙重考量來看，每個人都自成一世界（……）。他對自我個體的認知，也包含了整個世界，即大宇宙」。

沒錯，在某種程度上，我們仍然被束縛在這種神話思想中，當我們仰望星空，望著射手座、月亮或是某個天體時，我們沉浸在自我愛戀的感覺裡，以為宇宙與我們一樣。

天體物理學的教科書以及北海的沙灘，可以給我們更好的啟示。如果說有哪個生物體可以作為宇宙的微觀模型，那肯定就是水母。如果我們的宇宙終究有一日必須滅亡（希望是很遙遠的未來），然後縮小，縮回到什麼都不存在的地步，或許就是因為這些宏觀的水母被沖刷到宇宙的岸邊，然後枯死了。

1 海月水母（Die Ohrenqualle）是水母的一種，主要分布在北歐的東大西洋海岸以及北美洲的西大西洋海岸。一般來說，牠們生活在近岸，所以可在河口和海港見到。

2 在宇宙學中，暗物質指無法通過電磁波的觀察進行研究（因其不與電磁力產生作用）的物質。我們目前只能透過重力產生的效應得知其存在。目前已知宇宙中有大量暗物質。

3 阿格里帕．馮．內特斯海姆（Agrippa von Nettesheim），1486 — 1535，文藝復興時期哲學家。著有廣受後人歡迎《神祕學》。

虎鯨
Der Orca

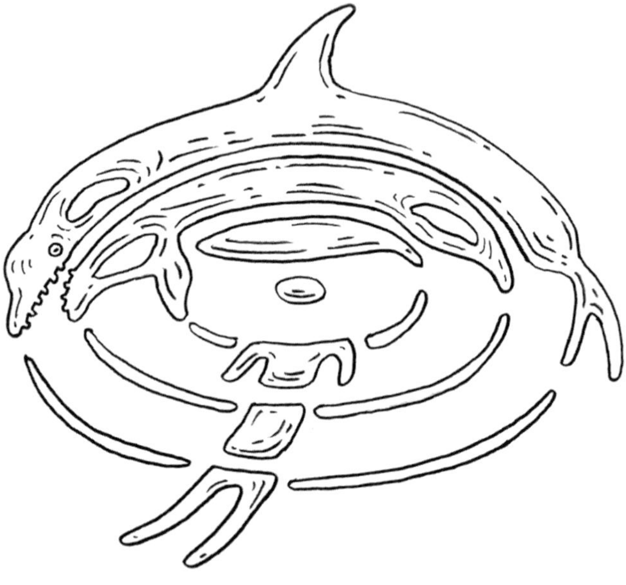

虎鯨有時被貶稱為殺人鯨，某些致力於科學中立的動物學家，居然還替牠冠上令人不寒而慄的學名 Orcinus orca ——「地獄之鯨」。虎鯨這毀譽參半的聲名可歸因於牠純熟的狩獵技巧，因為即使對身經百戰的水手而言，那些技巧也是十分兇殘的。

德國動物學家布雷恩（Brehm）曾指出，當虎鯨攻擊比自己身形更大的鯨魚時，牠會咬對方身體的脂肪層，目的就是要讓對方感到衰竭而伸出舌頭。他寫道：「這是置對方於死地最有用的方式，因為一旦對方張開嘴，虎鯨就可以將牠們的舌頭拉出來」。

海裡其他小型動物的處境，想當然耳，也不會好到哪去，虎鯨會把逃竄的海豹直追到岸邊，如果海豹跑上浮冰，虎鯨還會使上一記毒辣的狠招，先以高速游向浮冰，然後在撞上浮冰前緊急剎車，製造出海浪顛簸浮冰，使海豹滑落到海裡，變成虎鯨的腹中飧。

若不把虎鯨與海豹間的角力視為攸關生死的格鬥，而是作為哲學上的爭辯，那麼體型也有相當分量的哲學家蘇格拉底，很明顯地就是虎鯨，而海豹則是那些持續處於劣勢的可憐反對者。在柏拉圖轉述的蘇格拉底早期對話中，有一個重複的特點，那就是蘇格拉底的對手在對話初始階段，都自認站在安全的論點上，結果一旦這位大腹便便的哲學家衝過來，就證實了那些論點的基礎其實是游移不定的。這些對手的信念不是受到基礎修辭性的攻擊，而是整體知識（Episteme）[1]遭受到許多微弱的撼動。

無論是何謂勇氣、友情以及愛情？如何定義美好的生活？還是人對死亡的態度該是嚮往還是迴避等種種問題，與蘇格拉底對話的人雖然都自認有相應的答案，然而很快地，他們就不得不承認那些自認所擁有的知識，其實都很無知。原本以為穩固的立論基礎，其實就只是一塊脆弱的浮冰。

如果我們想在辯論中，避免淪落到如同海豹的悲慘命運，就必須認知到作為自己辯論基礎的知識，究竟有多廣、多穩。究竟自己真的站在紮紮實實的陸地上，還是浮冰上？這個知識的冰山有多深？如果我們在言辭上打滑，或者更糟糕的落水了，將會遭遇到什麼？

在辯論中最好別落入海豹的下場，而是一開始就站上虎鯨的位置，也就是說，把對手從智識的舒適圈沖下去，並將之置於對你最有利的位置。假若你想當一頭虎鯨，在論述時，就別盲目地站在浮冰上，因為在那裡，你就只能無助地站立著。你一定要想盡辦法使對方落入水中。

如果你的對手是個比你還巨大的海洋哺乳動物怎麼辦？像是一個頭頭是道，有著厚實的鯨皮，能抵擋你所有論點的大藍鯨……牠還有強大的尾鰭，可以毫不費力地擋下你的攻擊。假若真的遇到如此強勁的對手，那你就得使出殺手鐧，如同殺人鯨般……把他的舌頭咬掉。

1 源自希臘文，表示對某個主題確信的認識，而這些認識擁有潛在的能力為特定的目的使用。

狗
Der Hund

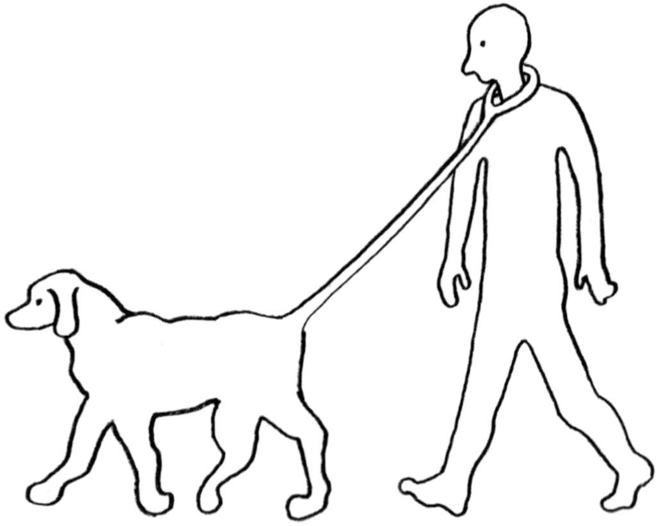

小時候我曾有一條狗，一條名叫羅比的黑色可卡小獵犬。牠的嘴巴、眉毛以及爪子上都有紅褐色的斑紋，胸前的毛色則是火紅色的。我當時愛死羅比了，尤其是當牠舔著我的臉時，我不在意牠是否剛嗅過其他狗的下面還是屁股。每當小可卡因為心靈受到創傷而不理我時，我就感覺很痛苦。犬儒主義[1]這個哲學學派雖然很可能早在兩千年前就不存在了，但是第歐根尼[2]卻因為自己不媚俗的行徑，而被人罵成kyon（狗），時至今日，他仍還有上百萬的四條腿後代散落在世界各地。而我自己當年也從愛犬身上，學到所有與感情相關的感覺，無論是愛、恨、失望或是釋懷。

從牠身上，我尤其學到了何謂權力的本質。羅比就像大部分的可卡獵犬一樣，熱愛追逐所有丟出去的棒子、球還有飛盤。羅比會把它們啣回來，邊搖著尾巴邊放在我腳邊，然後對我吠，直到我再將它們扔出。我想如果我將棍子丟往地獄，然後對牠大聲鼓勵喊「拿回來」，牠也仍然會完成。用黑格爾[3]的概念去形容，那就是：我是「主人」，而牠是「僕役」。

至少，當時的我也如此認為。而今日，我不禁自問，當時彼此之間的關係或許比年少輕狂的我所以為的還具有辯證性（dialektisch）。羅比是因為我把棍子扔出去才往那方向跑，還是因為羅比把棍子叼回來，所以我又再扔出呢？我難道不如同巴夫洛夫（Pavlov）的狗般訓練有素？對於每個放回腳邊的棍子、石頭或是球產生制約反應，所以旋即扔出嗎？難道不是我的狗認為牠已成功訓練我棍棒投擲[4]嗎？

我不知道羅比的智識能否具備如此複雜的思考能力，但很顯然地，牠的祖先很聰明地接受馴化，為人類服務。最早這種類似狼的動物——親近原始人、幫忙看守帳篷以及將獵物叼回——其實從這種共生模式中獲益良多。目前全德國大約只剩二十多個狼群，如果巴伐利亞森林中出現一頭金色的狼，那肯定是頭條新聞。可是相對地，在德國卻有超過十一萬隻狗，牠們不僅享有狗屋、接受了預防接種以防止疾病，而且還享有專門的寵物飼料。這完全是那群不馴的親戚，只能在夢中才能享有的生活條件。

1 犬儒主義（Kynismus）是古希臘的一個哲學學派，其信奉者被稱為犬儒。該學派否定社會與文明，提倡回歸自然，清心寡欲，鄙棄俗世的榮華富貴。原本犬儒主義者被視為憤世嫉俗者，但到後期則變成玩世不恭者。到了現代，則意指對人類真誠的不信任，對他人的痛苦無動於衷的態度和行為。

2 第歐根尼（Diogenes）是最著名的犬儒學派人士。他拒絕接受一切的習俗並以行乞為生。

3 黑格爾（Georg Wilhelm Friedrich Hegel），1770 – 1831，德國哲學家，德國唯心論哲學的代表人物之一，許多人認為黑格爾的思想，標誌著十九世紀德國唯心主義哲學運動的頂峰，對後世哲學流派，如存在主義和馬克思的歷史唯物主義都產生了深遠的影響。著有《精神現象學》、《法哲學原理》、《美學講演錄》等書。

4 作者註：在《為塞蓬辯護》（Apologie für Raymond Sebond）中，蒙田相應提出了一個在貓類愛好者中，特別受歡迎的修辭問題：「當我和我的貓玩耍時，誰才是對方的消遣對象？」

蝸牛

Die Schnecke

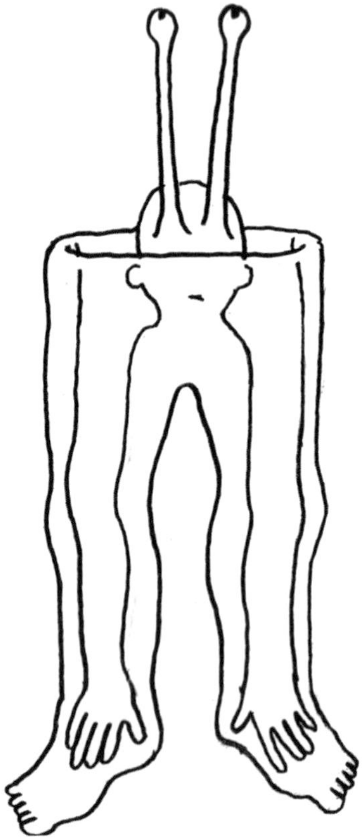

某個夏日午後，女兒從幼稚園帶回五隻淺色殼的小蝸牛，並且幫牠們分別取名皮皮、安妮寶貝、小白、多多和黑格爾。若要解釋一位五歲小孩為何會以理想主義哲學大師來為蝸牛命名，可能會稍微偏離了本文的主題，不過有件事可以肯定，一旦小動物有了名字，就很難再將牠們攆走。於是我買了個二手水族箱，並在裡頭幫這些小小的滑溜動物放了些苔蘚和樹皮碎片。

我的妻子與大多數的成年人相同，對於這類的腹足動物感到噁心，但我反倒覺得牠們挺有意思的。我對於牠們如何運用四根探針，稍有異樣就會像迷你手套的指套般，隨即內縮的反應感到很著迷；我也好奇牠們是如何用腹足在地板上滑行，就好比遠洋輪船般昂首航行到地毯的另一端。令人特別感到神奇的，就是當前行的路中斷時，像是遇到樹枝或是樹皮尾端的終點時，牠們會先高高舉起自身，往前延伸，直到觸及另一個可以倚靠的樹枝，牠們的殼以及身體的剩餘部分才會隨著流暢的肌肉，繼續往前進。

蝸牛沒有骨頭，而是以所謂的「靜水骨骼」（Hydroskelett）[1]撐起身體並且提供支撐的力量。它會收縮蝸牛的肌肉，增進身體某些部位的壓力或使其突出，進而改變自身的形狀和大小。就我所知，人類的身體只有一個部位能夠做出類似的動作，而且也只有男性才有。

然而，蝸牛有一點是領先男性人類的，就是儘管以蝸牛的速度，牠也只要短短幾秒就可以隨意控制自己的身體勃起。當男人還會因為性慾起伏不定以及海綿體狀態良莠不一而無法隨心所欲時，蝸牛這個「純海綿體身軀」卻能完全自我掌握。就如同神學家（亦為哲學家）聖奧古斯丁[2]所描述的墮落前的人類。

聖奧古斯丁認為，自從亞當夏娃偷嚐禁果後，人類（除了少數例外）就失去了對自我身體的主宰，從此只剩下慾望與衝動（我們今日可能會稱為自律神經系統）。聖奧古斯丁在針對世界與救贖歷史的主要著作《上帝之城》（Über den Gottesstaat）中寫道：「對於上帝而言，要創造一個全身上下（即便現在部分身體只受慾望左右），都受意志控制的（人）並不難。」他還指出，「我們也知道，有些人與生俱來就有與常規不同的特徵，我們也會因此感到驚訝。例如有些人動他們的耳朵時，可以只動單耳或是同時動雙耳；還有一些人排氣時沒有惡臭，可以隨意發出許多聲響，讓人以為他們會用這些部位唱歌。」

換句話說，這些偶然仍保有的動耳或控制排氣的能力，其實都是從失樂園時期殘留下來的，那時的人類還能像蝸牛一樣，自主隨意控制整個身體（對聖奧古斯丁而言，就是控制性欲）。而如果是這樣的話，那也許許多人看到這個小爬行動物時的感受，其實根本不是噁心，就只是嫉妒而已。

1 一種由液壓支撐的骨骼，常見於簡單的脊椎生物中。

2 聖奧古斯丁（Augustino von Hippo），354 – 430，認為靈魂即上帝意志在人身上的體現，是高貴的；另一方面，身體（感官的貪婪）卻是邪惡的和受詛咒的——這種詛咒是為了懲罰亞當屈從誘惑的原罪。

蜜蜂

Die Biene

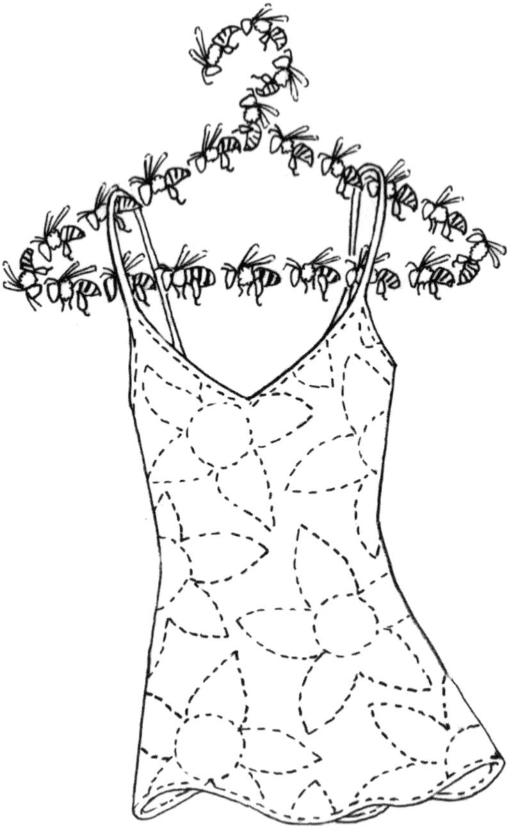

對於偶而會不小心鑽進涼鞋縫隙或是洋裝下，然後又補上痛痛一針的昆蟲而言，蜜蜂居然還能獲得人們的好感，實在令人驚訝。當然一方面這與牠們能經由反覆飲花蜜，進而消化產出一種又甜又營養豐富，而且還沒有保存期限的麵包塗醬有關；而另一方面則因為牠們與人類一樣，是高度社會化的動物，有個複雜且依功能界定的社會系統。

然而，蜜蜂國裡的政治體系為何依然眾說紛紜。亞里斯多德的看法（也是至今最為普遍的看法）是：蜜蜂實行母系君主制，也就是說「全民（所有蜜蜂）對於「女王」都趨之若鶩，她從「後宮三千」中挑選自己喜愛的工蜂受孕，並交辦其他雌性蜜蜂工作事項。

十八世紀初，曼德維爾[1]將蜜蜂描述為典型早期資本主義代表。他在

《蜜蜂寓言》（Fable of the Bees）中提出一個聳動的論點，認為純然是個人的慾望與私心，促進了共同的利益——也就是說，當蜜蜂為了一己之私採集花蜜時，也難以避免地為花朵授粉。

然而，著名的美國蜜蜂研究員西利（Thomas D. Seeley）則指出，上述說法是錯誤的。他表示，蜂巢中的女王蜂完全不做任何決定，她只是單純的「后級產子機器」。蜜蜂的行為也非受到曼德維爾口中的「私心」驅使，而是在平等的條件下共同決定的。換句話說，蜜蜂國存在貨真價實的民主。

每年春天，部分蜂群必須與老女王蜂離開現有的蜂巢，好為下一代準備生活空間，這尤其體現了基層（草根階層）民主的型態與方式。首先專事偵察的蜜蜂會蜂擁而出，評估所有可能的生存空間。有別於宮廷社交舞只是甩甩肌肉，蜜蜂會用複雜的蜜蜂搖臀舞[2]通知其他同伴巡視的結果。牠們會審查提案，並在必要時提交意見。經過幾天又唱又跳後，蜜蜂才會做出一致的決定並採取行動，最後，上萬隻蜜蜂再一起出發。

哈伯瑪斯[3]可能會對這種現象感到興奮，因為除了蜜蜂以外，大概沒有其他動物能如此體現這位社會哲學家在「對話倫理學」（Diskursethik）中所提出的概念。蜜蜂處在一個公開、平等以及理性的交流環境中，牠們的對話並無階級之分，每一個論點都可以提出來討論與接受批評，而與會者也可以和平達成一致的協議。蜜蜂專家西利認為，牠們最終的決議通常也是最客觀的解決辦法，完全體現哈伯瑪斯所提出的「理想的言談情境」——「在特定無強制的強制性下，得到較佳的論證」（eigentümlich zwanglose

Zwang des besseren Argumentes）。

所以，下次如果你要做個艱難的集體決策時，先自問下列問題：如果我是個在找窩的偵查蜜蜂會如何做？Apis mellifera（蜜蜂的學名）會如何做？還有，下次有蜜蜂不小心飛進你的涼鞋或襯衫裡時，別急著把牠們打死，也別試著將牠們驅開。最好的方式就是跳支友善的蜜蜂舞，好指引牠們通往鄰近花圃之路。

1 曼德維爾（Bernard de Mandeville），1670 – 1733，荷蘭裔的哲學家及古典經濟學家，生平大部分時間都住在英國，主要以英文發表著作，著有《蜜蜂的寓言》等書。

2 蜜蜂有一特定呈８字形的舞蹈，飛舞形式分為環繞以及搖臀兩種。蜜蜂會以搖臀的持續時間表示食物的距離，搖臀時間愈長，表示食物距離愈遠。透過這種舞蹈，成功覓食者可以與其他成員分享訊息，例如產生花蜜和花粉的花、水源，或是新巢址位置的方向、距離等。

3 哈伯瑪斯（Jürgen Habermas），1929 –，德國當代最重要的哲學家、社會學家之一，以其溝通行為理論、話語倫理學等思想聞名。

鸛鳥

Der Storch

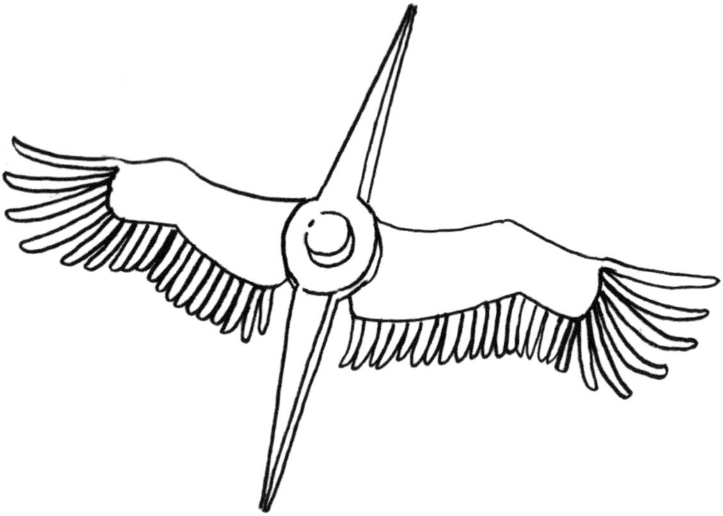

真是個難以入眠的夜晚。除了高溫籠罩著奧得河（Oder）[1]沿岸、帳篷裡有蚊子侵襲，營地旁還有吵雜聲——兩隻鸛鳥可能覺得活動空間受到侵犯而感到不安，於是大聲嚷嚷（嘰哩呱啦）以表不滿。

既然難以入眠，我正好也可以趁機思考些事情，例如鸛鳥究竟是如何完成如此精準的飛行航程。每到春天，牠們就離開位於非洲的避寒之處朝歐洲飛去，然後轉進德國，朝向布蘭登堡，最後抵達靠近波蘭邊境的社區，也就是我們露營營地的附近。這個棲息點的大小不到一平方公尺，而且與去年同一位置。

秋天一到，當這些雛鳥長大並且可以獨立自主時，鸛鳥就邁上回程之路。在營地附近棲息的這對鸛鳥，和牠們大多數的同伴一樣，應該也是來自東方，也就是說，牠們會先飛越博斯普魯斯（Bosporus）海峽和西奈半島來到埃及，再沿著尼羅河谷直達撒哈拉沙漠。全程共約一萬公里。

這不僅需要相當的努力，更需要那難以解釋的定位能力。鸛鳥不僅要注意太陽的位置、星星的座標，還要留意山脈、河流和山谷等明顯地標，好在牠們有一個俗稱的第六感，能夠感知到地球的磁場——牠們體內內建的指南針，能幫助牠們在空間中定位。

這種無論是在方向感上、地理位置上甚至衍生為道德上的定位能力，對於我們這種只有簡單五感的人類而言簡直難以想像。沒錯，在空間定位上，我們可以倚賴星星、地圖、指南針還有衛星導航系統。然而在道德定位上呢？自從現代社會使用「大敘述」（李歐塔語）[2]方式作為世界觀的思考模式後，我們卻更加地感到茫然失落。究竟應該遵循哪種道德界線？

愛爾蘭哲學家（同時也是政治學家）佩蒂特在他的著作《公正的自由》[3]一書中，提出一種「自由作為非控制」的道德導航系統。佩蒂特想表達的是一種不受內外約束的獨立性，一個「不僅僅是無人干預」的自由，而且也是「不隸屬他者」的自由。佩蒂特將這樣的自由視為一種理想工具，在我們不得不面對而且有著複雜政治問題的廿一世紀裡，「作為一個全球定位服務，一種GPS，顯示出我們現在的情況，並且找尋出路。」

至於這條路可以走多遠？如果從鳥類的角度來俯瞰歐洲，以目前的狀況而言必須說：一點也不遠。當鸛鳥在秋季為了逃離即將籠罩中歐的寒冬以及食物短缺，必須飛往非洲尋求庇護的同時，地面上正有成千上萬的人翻山越嶺，漂洋過海地往反方向行走。與鸛鳥不同的是，他們沒有羽翼可以穿越地中海、邊界路障以及鐵絲網；與鸛鳥不同的是，他們沒有特別的保護。而所謂「不受控制的自由」對於他們大多數人而言，可能只是個夢想。

在波蘭邊境的鸛鳥夫婦業已噤聲，營地上的帳篷亦已收妥，夏日漸遠，但漫漫長夜依舊難以成眠。

1 奧得河是中歐重要的跨國河川，流經捷克、波蘭以及德國。

2 李歐塔（Jean-François Lyotard），1924 – 1998，法國哲學家、社會學家和文學理論家。他的跨學科著述涵蓋認識論和傳播學、人體、現代藝術和後現代藝術、文學和批判理論、音樂、電影、時間和記憶、空間、城市和景觀等主題。他因闡述後現代主義，並分析後現代性對人類狀況的影響而聞名。著有《後現代狀況》。

3 菲利普．佩蒂特（Philip Pettit），1945 –，愛爾蘭哲學家和政治理論家，其作《公正的自由》（Just Freedom: A moral compass for a complex world）主張自由應不受宰制。

刺蝟
Der Igel

古希臘詩人阿爾基羅庫斯（Archilochos）留下的斷簡殘篇中，曾有過這樣的記載：「狐狸諸事皆知，刺蝟卻僅知一要事」，至於是何要事則未留傳於世，殊為可惜。畢竟，這個嗜食昆蟲的動物看似沉默寡言，深邃的雙眼卻透出穩重與智慧——眾人極想要擁有的特質。

哲學家以撒．柏林[1]就此殘篇寫了本書，指出刺蝟以一元的世界觀，將所有的現象歸於同一基本原理並化為通用系統。有人說刺蝟就像是那秉持信念的政治狂熱分子；另一種說法是，刺蝟就像女人的防禦行為，以帶刺的被動態度抵禦男人的迂迴進攻；甚至還有人認為，刺蝟代表的就是無法被那些自認特別聰明的狐狸釋義的文本。闡釋阿爾基羅庫斯殘篇的想法極多，多到就像刺蝟的刺般，約有六到八千個。

我認為，刺蝟知道的大事是冬眠的祕訣。每年十一月到隔年四月，約有五到六個月的時間，刺蝟會將自己捲成一團，像是窩在夢神摩耳甫斯（Morpheus）的懷抱裡。此時，牠們會將體溫降低一到八度，同時每分鐘只呼吸一或兩次，脈搏速度降至每秒五次。

牠們是我們這個全年無休、晚期資本主義社會的最佳榜樣，如此我們才可以每週七天從早到晚都保持戒備，好融入不間斷地交流以及循環運作。美國當代藝術理論家克雷里[2]認為「幾十年來，已開發國家裡的許多機構都已是全天候運作」。他指出「現在，個人以及社會必須重塑自我認同，以便能與市場、資訊網路以及其他系統不間斷地同步。」

無論白晝或深夜，工廠、維修中心、辦公室以及倉庫都是燈火通明。

我們發展出諸如莫達非尼（Modafinil，覺醒促進劑）、咖啡因藥片和安非他命等藥品，讓輪班工人從生理化學上適應人工睡眠節奏。美國國防部甚至委託科學家發展抑制睡眠技術，使士兵可以不眠地連續作戰一週。這也連帶使得身強體健的勞動階級，希望能隨時維持清醒以便上工，而消費狂熱者則期望可以不眠不休地購物。

在此情況下，睡眠成了不合規範的沉默行為。用馬克思的話來說，它是一個「天然的障礙」——睡眠雖然是人類深層需求，但卻無法（或不應該）完全適應高靈活度的市場經濟要求。「睡眠本質無法帶來效益，且每個個體都對其有所需求。這對生產、流通以及消費過程造成難以估計的損失，因此，睡眠與不停歇的世界的需求相衝突。」克雷里如此寫道，並且指出：「睡眠是資本主義從我們偷走的時間中，無法妥協的中斷。」

刺蝟能提醒人類的是，這種非暴力的抵抗形式是可行的，而且從未如此迫切需要。刺蝟挖了一個通道，通往人類曾有的社會進程——當人造光還未發明前，人們在冬季時寧願只靠睡眠過冬。讓我們跟著刺蝟爬吧！爬進家中，熄掉燈火，關掉所有的電子設備，頂多嚼點昆蟲點心。什麼？手邊沒有刺蝟衣把自己滾成一團好遠離塵世？沒事！有時一張簡單的床就夠了。

1 以撒·柏林（Isaiah Berlin），1909－1997，出生於拉脫維亞的分析哲學家。一九五八年發表「兩種自由概念」（Two Concepts of Liberty）演說，指出積極自由與消極自由的差異，對後人相關的研究產生極大的回響。

2 喬納森·克雷里（Jonathan Crary），1951－，藝術評論家、散文家，任教於紐約哥倫比亞大學，教授當代藝術與理論。

袋鼠

Das Känguru

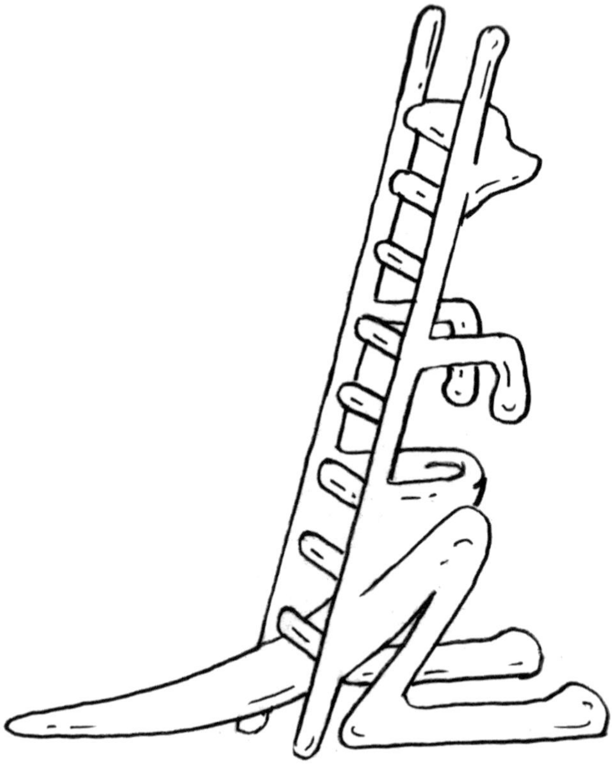

一七七〇年，英國航海家庫克（James Cook）首航太平洋至澳洲東海岸時，他驚訝地看見一種使他聯想到大兔子的生物，這種動物的後腿強而有力，能跳到三公尺高，同時將自己的小孩放在腹袋裡到處跑，而且還能用拳擊的方式彼此互相較勁。當庫克詢問當地人這種罕見動物的名稱時，據說對方的回答是：「ganguru」，直譯就是「我不知道」。

依據蘇格拉底的見解，西方探討哲學的起源都是因為知道自己無知，所以必須不斷追問。看來，袋鼠早已是名副其實的「不知道」了。袋鼠似乎也深知這段思想史的主張，所以持續不斷地成長。大多數雄性袋鼠具有「個體發生」[1]的特點，所以一生會不斷長大，也就是說牠們從未完全成熟，總是在成長的階段——牠們完全體現盧梭[2]形容的「臻於完美」的特性。

盧梭認為人既是個人也是一種物種，我們都有「致力於自身完美的能力，一種能透過環境的協助，相繼發展所有能力的能力。」因此，臻於完美的能力是性格、智力以及認知發展的先決條件。人類唯有在臻於完美的基礎上，才有能力發展道德、追尋新知、造就新科學發現並且提升自我，換句話說，就是成為真正的現代人。

盧梭在一七五五年發表的第二個論述中指出，這種臻於完美的特性在「軸心時代」[3]初期即已呈現，在這段時間裡，朝進步往前邁的主體會跳出歷史的雛袋。如同歷史哲學家寇瑟雷科[4]所言，在這個過渡時期「未來也緩慢有意識地開啟了」。

當人還處在以參考過去為主要的「前現代期」（vormodernen Zeit）時，

注意力已轉移到未來。歷史被認為是一個無止盡且持續向前的過程。經驗空間不再取決於過去，而是由未來的預期所決定。

所以說人類在幾個世代前才發展完善的特性，袋鼠早已在生理層面完成了。袋鼠完完全全是個現代產物，永遠不會對所取得的成就感到滿意，而是秉著所謂終身學習的精神持續發展。

盧梭曾寫道：「人性不會往回走」（Die menschliche Natur schreitet nicht zurück），因此人類可以大聲說澳洲這種有袋動物，正因為牠們後腿的長度，所以只能向前跳，往未來前進，換句話說，就是牠們永遠向前，卻永不向後。而且每步可達九公尺遠。

我們人類只能希冀這種無論是生理上或是智力上的跳躍，因為舉例來說，光是語言學家做了以下發人深省的結論，就花了兩千年時間——原來 ganguru 在原住民的語言並不是「我不知道」的意思，它的意思就是袋鼠。

1 個體發生學（Ontogenese），或稱形態發生學，是描述一個生命體從受精卵到成體的起源和發育。個體發生學被定義為：在不失去個體藉之存在的組織的情況下，個體（可能是細胞、生命體或生命體社群）發生結構性的改變。

2 盧梭（Jean-Jacque Rousseau），1712 – 1778，啟蒙時代的日內瓦哲學家、政治理論家和作曲家，以《社會契約論》、《愛彌兒》、《懺悔錄》等作品聞名於世。

3 軸心時代（Achsenzeit）是德國哲學家卡爾．雅士培（Karl Jaspers）提出的哲學發展理論。意指西元前八百年至西元前兩百年之間，世上主要宗教背後的哲學都同時發展起來。然而此處指的是十八世紀初期，即從前現代化轉至後形上學以及後宗教的現代化時期。

4 寇瑟雷科（Reinhart Koselleck），1923 – 2006，德國歷史學家，以概念史、史學史聞名。

蝙蝠

Die Fledermaus

當一隻蝙蝠會是何種感覺？美國哲學家內格爾[1]曾提出這個問題，也對此回答：「不知道，也永遠不會知道」，這答案實在令人失望透頂。我們可以倒吊在屋頂橫樑睡覺，也可以試著用嘴巴捕捉蒼蠅，並且假想腋下有翅膀，但我們終究還是只會知道「人」裝作蝙蝠的感覺，卻永遠不知道蝙蝠身為蝙蝠是何種感覺。

這其實怪可惜的，畢竟這個會飛行的哺乳動物具備生物聲納，不僅能使其在黑暗中具有獨特的定位能力，還可作為一種接觸外界的工具。眾所周知，蝙蝠在飛行時會透過嘴巴或鼻子發出超音波，而超音波會在周圍環境中被反射回來，蝙蝠運用收到回音的時間，辨識出敵人的可能距離、方向以及飛行方式。由於聲速也取決於氣溫，所以蝙蝠也能將這個變數列入計算中。有些蝙蝠甚至可以藉由類似飛蛾翅膀拍動所產生的都卜勒效應

（Dopplereffekt）[2]，精算出振動頻率、識別目標。

但若四周剛好沒有昆蟲呢？那至少這個世界會對牠拋出回音。讓現代人最感痛苦的經驗，用卡繆[3]的話來表示就是：人們對著蒼天萬物吶喊，蒼天卻靜默不語——這情形完全不會發生在蝙蝠身上。蝙蝠只要一呼喚，萬物隨即在幾毫秒後開始共鳴。無論是牆壁、路燈，甚至是高壓電線桿中最精細的電線都會回傳超音波，像是沉睡在萬物裡的吟唱都被喚醒了。用另一種方式表達就是，蝙蝠因為牠的回音追蹤系統，因此可以活在「共鳴」模式中。

德國社會學家羅薩（Hartmut Rosa）使用共鳴一詞，來表達一種與世界的關係的形式。在共鳴的形式中，個體與世界的關係並非如同前述是靜默、對立的；提問者不會面對一個令人難受的沉默狀態，而是處在一個「個體與世界彼此觸摸並且相互影響」的情境。共鳴體會覺得自己得到回應，不覺得被忽視，而且會覺得自己的身體與身旁的群體、周遭的自然相連接在一起。就好似一條被彈撥的弦會帶動另一條弦，甚至會引起周圍敏感的樂器的振動一般，可以影響周遭環境卻也同時受其影響——一種個體提問而且世界也回答的關係。由此我們可以知道，蝙蝠還真是個幸福的飛行哺乳動物。

有人可能會認為，並非是世界回應了蝙蝠，那只是牠自己的回音，那不如想想大兔唇蝠（Große Hasenmaul）吧？牠的聲量可是高達一四〇分貝[4]，驚天動地。這難道還不足以引起周遭振動？難道無法撼動牆壁、植物、敵人以及同伴嗎？難道不會激起牠們的極度滿足感，以為世界以多重回波、都卜勒效應以及顫動在對牠們回應嗎？蝙蝠棲息的洞壁呼喊著：「當心，我在這裡！」夜蛾拍打翅膀的振動，讓蝙蝠了解到「來吃我吧！我十分可口美味！」而壯碩的老榆木則竊竊私語著：「要不要掛在我的樹枝上，休息一會兒？」

正如之前所說的，我們不知道答案。我們不知道當一隻蝙蝠的感覺為何，而蝙蝠肯定也不願告訴我們，還是牠也可能告訴我們呢？也許這正是蝙蝠對我們的啟發：世界持續在回應我們，可惜我們感測不到它的頻率。

1 湯瑪斯．內格爾（Thomas Nagel），1937－，美國哲學家，專長領域為政治哲學、倫理學、認識論、心靈哲學。〈成為一隻蝙蝠可能是什麼樣子〉（What is it like to be a bat?）是內格爾在一九七四年發表的論文，旨在說明感質在物理與心靈之間的解釋鴻溝（Explanatory gap）。

2 都卜勒效應指的是波源和觀察者有相對運動時，觀察者接收到波的頻率與波源發出的頻率並不相同的現象。

3 阿爾貝．卡繆（Albert Camus），1913－1960，法國小說家、哲學家、戲劇家、評論家，一九五七年獲得諾貝爾文學獎。以《異鄉人》、《鼠疫》、《反抗者》等作品聞名於世。

4 一般講話交談是六〇分貝，電話鈴聲是七〇分貝，娛樂場所、夜店音量是一〇〇分貝。當分貝高達一四〇，只要超過九秒就有可能使人耳聾。

電鱝

Der Zitterrochen

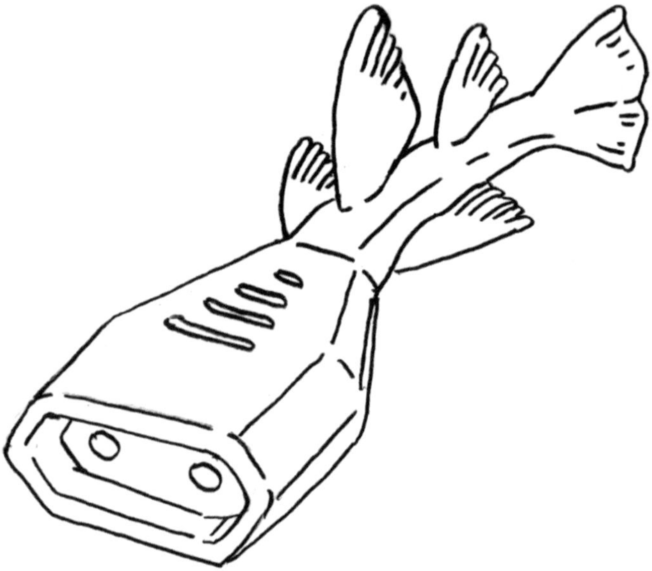

童年光景乍現：小魚靜靜地俯臥在水族箱缸底，身著用來偽裝的棕白色大理石花紋，身軀半埋在沉沙裡，小魚緩步輕移盪起輕流，掀起底部的漩渦。水族缸上方架起一排類似音響上的燈泡，一旦魚發出電流，這些燈泡就會閃亮，電壓越高，閃耀的燈泡就越多。儘管水族缸的玻璃上有「愛護動物，請勿拍打玻璃」的警示貼紙，但是我和玩伴根本置之不理，一股勁地猛拍著玻璃，直想激發電　發出高功率的電。當時我們簡直就像是著了魔般。

早在過去，這個屬於板鰓亞綱的魚種，就有一種神祕而無形的力量，足以癱瘓、殺死其他的動物與人類。根據柏拉圖的描述，來自法薩盧斯的門農（Menon von Pharsalos）指揮官就曾多次將他的辯論對象，也就是蘇格拉底，比喻成大理石電　（Marmelzitterrochen）[1]，因為蘇格拉底會用反詰法（Aporie）降伏對手。這個也稱為雷魚或電鯰的電　，直到現代才成為科學家研究的首選對象，而無論是義大利醫學家雷迪（Francesco Redi）、法國科學家列奧米爾（René-Antoine de Réaumur）或是德國自然科學家洪堡（Alexander von Humboldt），都費了相當的精力去研究這種形狀扁平的魚，並發現其內藏有高壓電的祕密——目前已知電　的一種器官名為 Elektroplax，可產生高達二百三十伏特的電壓，主要用來防禦危險，有時也可用來獵物。

電　的這項能力，儼然成為現代社會的嚮往、渴望，如同法國哲學家加西亞[2]所認為，這個世代的特點就是「被電流馴化」。電在過去被視為是有威脅性、超越經驗的、難以駕馭的，但自從十八世紀末以來，它逐漸能為人控制而且扮演著舉足輕重的角色，甚而變成人類存在的指標。

「電力穿透人類」，加西亞如此寫道，「而且現代人的心智甘於沉溺其間」。於是，人們永遠處於充飽電的狀態，日以繼夜。I Sing the body Electric[3]。無論是歌曲、電影、詩詞，都在在顯示了現代人所追尋的不再是超脫，而是一種持續不斷的緊湊。

然而加西亞卻認為，這種理想會使人類陷於進退兩難的困境。一方面人類無法同時擁有持續緊湊，卻又偶有放鬆之時機，因為一旦長久處在充電狀況下，對電壓就免疫無感了；另一方面，這個擁有緊湊生活的理想，也違背了均衡性的原則，而均衡性卻又是所有思考的前提。畢竟那些經常充滿電而四處活蹦亂跳的人，可能可以享受令人振奮的體驗，卻幾乎難以暫時停下整理所獲得的經驗。

當我們以慢動作去觀察水裡漂浮的電　時，難免會產生一種想法，那就是牠們在汲汲生活與靜靜思考之間、緊湊與均衡間、發電與放電之間，成功地展示了一種高難度的平衡。牠們因為有鰓所以能夠徹夜游泳，但同時又游得如此自在；牠們隨時處於充飽電狀態，但又並非擴及全身而僅限於一個器官。另外，牠們還擁有一個也許是最令人羨慕的特性——牠們有個內建的電槍，可以準確、快速地制服周遭的敵人。除非敵人活在另一個元素（例如空氣），另一個空間，或是在安全玻璃的另一側。

1 作者註：胡扯！如同前面章節可見，蘇格拉底是像虎鯨。

2 崔斯坦．加西亞（Tristan Garcia），1981－，法國當代哲學家、小說家。

3 華特．惠特曼（Walt Whitman）《草葉集》的一首詩，也是一首歌。

蒼蠅

Die Fliege

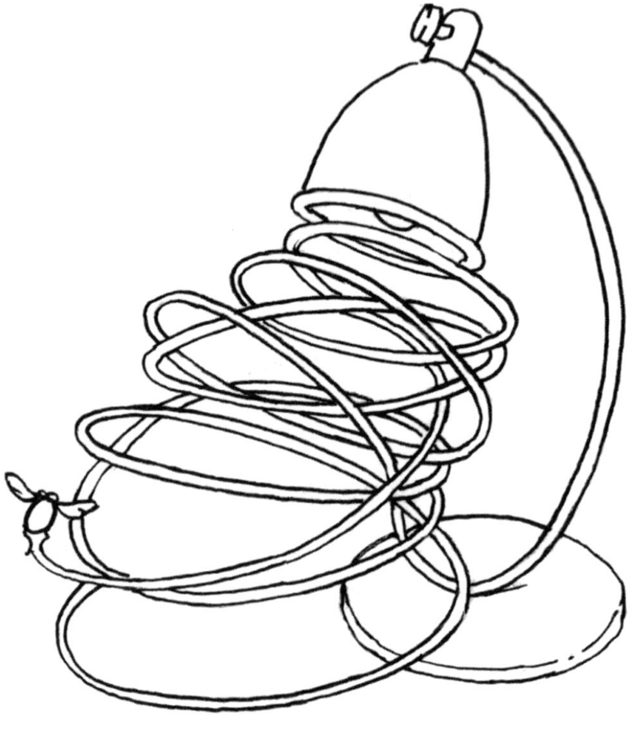

我躺在床上看書，一隻大大的黑色果蠅卻從臥室黑暗的一角飛近，並且停在牆邊床頭燈的燈罩上，緊挨著我的頭。一開始我還想試圖忽略，但這幾乎不可能，因為那蒼蠅又大隻又吵。此外，牠頭上那大而亮的複眼就像是盯著我看一般。

或許因為手上讀的是一本英文小說，所以忍不住聯想到 fly on the wall 這個概念[1]。根據敘事學理念，小說敘述者應該像是駐足在牆上的蒼蠅般，採取中立的角度，保持一段距離來描述文中的人事物。然而這隻飛進我家的蒼蠅既不中立，也不無辜。牠以一種幾乎突兀的方式涉入，使得我整個注意力就像蒼蠅繞著亮光般，圍繞著牠轉。我觀察牠是如何看著我在如何觀察牠……過沒多久，蒼蠅與我都陷入了認知回音的狀態，只剩下我們彼此互看的眼神存在。繼續閱讀是完全不可能了。

然而蒼蠅真的只顧著觀察我嗎？或者牠也可能同時注視著睡在床鋪另一邊的妻子呢？牠是否也同時看到對面的衣櫃、洗衣籃、一疊的書，以及我放在床邊隨手可及的蒼蠅拍？畢竟，從牠那又凸又圓的眼睛照出的視野，比起人類的要寬廣得多。雖然牠們無法如同人類看得那樣清晰，卻可以同時看見更多的事物。這差異也在時間分辨率上呈現，基本上，蒼蠅的視覺器官優於我們以水晶體為主的人眼，如果蒼蠅能寫部小說，牠不僅可以同時描述多串連續事件，還可以加快描述的速度。那麼為什麼「我的」蒼蠅卻像是被催眠般，默默停在牆上並打擾我閱讀呢？

維根斯坦死後才發表的《哲學研究》（Philosophischen Untersuchungen）一文曾提出「你的哲學目標為何？」這個命題，他的答案是：「為了幫蒼蠅指出飛離捕蠅罐的出路」。捕蠅罐在過去是最受歡迎的昆蟲誘捕器，它是一種帶有狹窄入口孔的球形玻璃瓶，昆蟲從入口飛進後，卻很難再飛出。昆蟲一次次四處撞著透明的玻璃罐壁，卻萬萬沒想過只需改變飛行方向，就可以找到出口。

但是我如何能讓我的蒼蠅逃離現況呢？或者說，我該如何擺脫牠？我不想打死牠，因為我們已經有太長也太密集的眼眸交會。如果我用手一揮，牠會飛走，但幾秒鐘過後一樣又會回到原位。好一會兒後，我突然恍然大悟，我才是陷入這個捕蠅罐裡的人，是那想趕走蒼蠅卻不得果的沮喪情緒，使我自己無法停止四處碰壁。於是我決定不理蒼蠅，把小說放在一邊然後熄燈就寢。結果，當我幾分鐘後再度亮燈時，蒼蠅消失了。

1 指在不被人注意的情況下，隨意觀察局勢的一種狀態。

老虎

Der Tiger

老虎是種自私的動物，而且一夫多妻，不僅如此，牠還是肉食性動物，常常會去攻擊毫無防備的幼鹿和羚羊。然而，老虎的聲譽卻仍十分正面。自然保護協會用牠的形象做廣告、玩具製造商將牠做成可愛的玩具，一家大型燕麥製造商還曾聲稱，他們的醣類穀物可以讓人「虎虎生風」。人類對這大貓科的崇敬，可能基於老虎在野外的優越地位，外加一個事實：人類雖然可以將牠關在動物園裡（牠也狀似終日閒適漫步），卻無法馴化牠，所以牠始終保持虎視眈眈。卡內蒂[1]曾寫道：「如果他不能征服，他會像崇敬老虎般崇敬他」。人類在老虎身上看到了自己夢想擁有的頑強。

也難怪人類想盡可能地模仿這隻大貓，尤其是牠們護守自我領域的行為模式。基本上老虎是獨行俠，並且彼此依照獵物密度來劃分地盤，其大小可達數百平方公里。老虎就像其他貓科動物，會用尿液、糞便或是肛門分泌物來劃清辨識邊界。換句話說，牠們用來聲明屬地的方式就是污染屬於自己的區域。賽荷（Michel Serres）在他的著作《失控的佔有慾》（Das eigentliche Übel）曾用「以玷汙來占為己有」，以及「最好自己的東西就是骯髒的東西」來形容。

根據塞荷，這種說法也特別適用於人類，因為人類會像動物一樣將環境搞砸以便占為己有。賽荷將人類占有的形式分成兩類：一類是「強硬」的方式，例如用排泄物、垃圾堆、汽車以及工廠排放的污染物來劃地盤；另一類是「柔性」的方式，例如使用廣告口號、巨幅廣告、企業標誌或是引擎、發動機的噪音。後者一開始可能看起來無害，但與強硬方式的骯髒物相較，後者的效果（以及威脅性）並不會比較低。它們所占據的空間「封閉了我的存在、我的生存空間、我的健康、我的呼吸、我的安寧，總之，就是我的生活。它們就像老虎和獅子般威脅我的生命」。

然而人類對領土的要求與影響，遠比這個貓科動物還大。除了因為老虎所剩不多，全世界只剩下三到五千隻，因此可能造成的危險以及排泄物的排放量，都在可掌控的範圍內，也因為牠們的尿液和糞便不僅可以拿來當作地盤劃分的工具，還是草原上的最佳肥料——其中的磷酸鹽、氮化合物、鉀鹽和鈣鹽都能滋潤大地。

換句話說，即使老虎可能是位土地民族主義者（Revier-Nationalisten），但至少牠對植物有所貢獻，而且也正是因為牠嚴格保護自有領土的行為，彼此才能以大自然做邊界。相較之下，人類只會用垃圾、告示板來占有土地，卻對周遭生物毫無附加價值。人類用汙染去劃界、占領大自然，又以柔性政策去劃界、占領其他文化，而唯一沒有界限的是人類想占為己有的慾望。

那我們該怎麼辦？根據賽荷的看法，除了使地球擺脫「各種骯髒的占領」外，沒有其他終極的解決方法。也就是說，一旦人類共享所有，就不會發生侵略性的領土占領行為。然而在達到此目標之前，我們該如何自處？是否該學習我們的貓科親戚，改用可天然化解的污染排放物當作告示牌？無論是地產大亨（大白鯊）、巨型建商（獅子）、攻擊性的資本禿鷹或是廣告（狐狸），誰若想標示地盤，就得用自己的有機液體做為肥料。想獲得就得先學會給予。如果你想要土地，就得先就地小便。

如果想為自己謀個特別大的領土，該怎麼做？那最好像德國大型石油公司風行一時的口號：「讓油箱裡有隻大老虎」，才能如虎添翼。

1 埃利亞斯．卡內蒂（Elias Canetti），1905－1994，保加利亞出生的猶太小說家、評論家、社會學以及劇作家，也是一九八一年諾貝爾文學獎得主，主要以德語寫作。

鱷魚
Das Krokodil

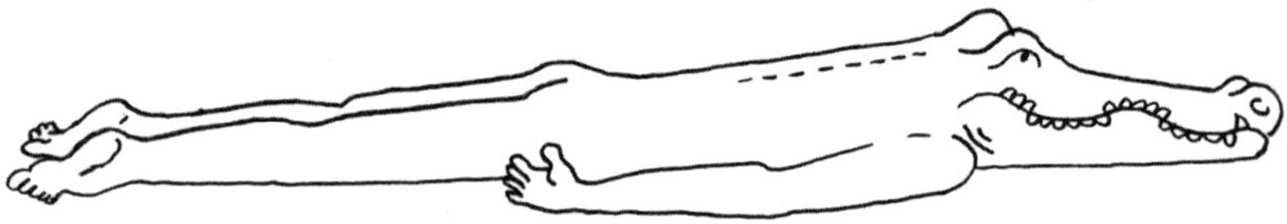

「造訪動物園總是讓人敗興而歸」，藝術評論家約翰．伯格[1]曾如此寫道。他還表示「那些動物很少如大人記憶裡鮮明、特別，而對小孩子而言，牠們則顯得遲緩無趣」。這個看法可能適用於許多動物以及孩子，但卻不適用於鱷魚以及其犬子。

我們已經站在東柏林動物園裡的美國鱷魚池邊十五分鐘了，每當我想移動至下個景點時，那小子就會緊緊地攀附著圍欄，死命地喊著：「鱷！鱷！」

然而，在那周圍植有充滿異國情調景觀植物的淺池裡，除了略突出水面的兩個鼻孔，以及圓鼓鼓的雙眼外，幾乎看不到任何東西。而那長約四公尺帶鱗片狀，有著強而有力尾巴的身軀，也僅僅能隱約識別。就連匕首般的牙齒也同樣難以看見，然而若一旦有人過度靠近，鱷魚就會用牙齒快速咬住來訪者，左右狠甩，以便將獵物撕裂成適合咬碎的大小。鱷魚的全身上下幾乎都靜置於水面下，像個沉著的獵人般靜靜等待獵物。當人們看著這靜止不動的大蜥蜴時，為何不會像看著飽餐的獅子或是沮喪的大猩猩一樣，感到失望與無聊呢？

我認為這與鱷魚本身深藏的巨大潛能有關。牠在極動（撕裂一隻野豬和看護野豬的人）與極靜（什麼都不幹）之間的差異，巨大到其他動物無法企及。這種極具懸疑張力的被動狀態，不僅讓兩歲孩子著迷，而且還深具哲學意義：鱷魚證明了自身是「無為」的傑出代表。

「無為」這個詞源於道家哲學，用道家的傳奇創始人老子的話來說，就是：「不言之教，無為之益，天下希及之」[2]。然而，歷史學家杉佛斯[3]卻認為，這絕不是為了要「呼籲懶散、惰性以及謀求便利」，而是「一種達成效益的建議、防止徒勞行為，並且避免庸碌無成所帶來的無奈」。換句話說，無為就是適時做出正確之事，是一種藝術，不會早一秒也不會多耗費絲毫的力氣。

鱷魚很少主動去覓食（有些品種甚至每周只進食一次），這樣的理念至關重要，畢竟牠們也須精算自己所需要的熱量，從沉潛的精神或身體層次躍出，並且像開戒的少林子弟般，以迅雷不及掩耳的速度使出致命一擊。我也建議許多人可以更常採用「鱷魚原則」，不要四處奔波鑽營，邊走邊拿著手機聒聒而談各種計畫和專案，偶而就留在原地靜靜地閉嘴、坐著。靜靜等待機會，一旦有人像頭粗心的野豬般接近時，就對著這唯一的目標來個重重一擊。

知易行難，不是嗎？我已經靠在溫室欄杆上，並且看著密西西比鱷魚在池中無所事事超過一小時了。我相信自己的行徑多少有些符合鱷魚原則。「牠的脊椎沉潛」我喃喃低語著，套句老子的話就是「深不可識」[4]，於是，我內心的鱷魚適時以閃電的速度將兒子拎起，咱們打道回府！

1 約翰．伯格（John Berger），1926－2017，英國當代藝術評論家、小說家、畫家以及詩人，著有《觀看的方式》、《班托的素描簿》、《影像的閱讀》、《藝術與革命》、《另類的出口》等書。

2 出自老子《道德經》第四十三章〈至柔章〉，全文為：天下之至柔，馳騁天下之至堅。無有入無間，吾是以知無為之有益。不言之教，無為之益，天下希及之。

3 杉佛斯（Ernst Sandvoss），1929－，德國哲學教授。

4 出自老子《道德經》第十五章〈不盈章〉，該段為：古之善為道（士）者，微妙玄通，深不可識。

小雞

Das Hähnchen

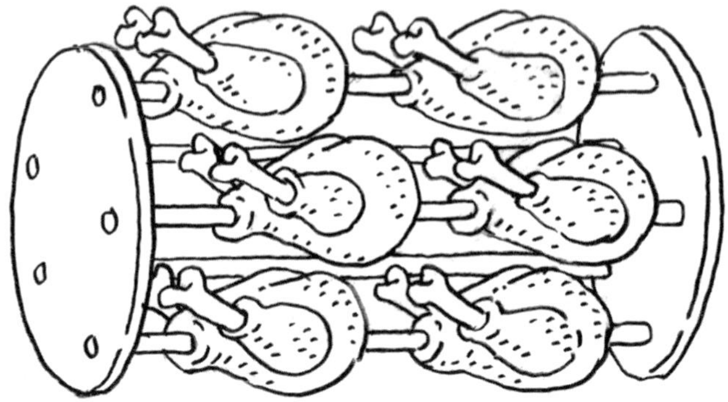

行經寓所對面的小吃店時，眼睛不小心瞄到店內烤架上一圈圈轉的烤雞，我不禁想到第歐根尼（Diogenes）——這位一度住在桶子裡的哲學家，可能是犬儒主義最有名的代表，而在當時，他以戲弄同時代的柏拉圖為樂。柏拉圖曾在著作《政治家篇》（Politikos）裡將人類定義成「兩足無毛動物」，他將人與鳥類的差異界定在羽毛的有否。第歐根尼得知後，隨手拔光一隻公雞的羽毛，然後把牠帶到柏拉圖學院，並且大聲宣布「這就是柏拉圖所謂的『人』！」（這個挑釁讓人的定義多了具有「寬指甲」的條件）。

今日，人們多將這則軼事，視為堪稱古代嬉皮第歐根尼的無政府主義笑話，然而這件趣事卻也點出一個嚴肅的問題，一個自那時起就讓無數哲學家苦思的問題：人究竟是什麼？人在萬物世界中有何特殊地位？人類與動物相異之處（如果有的話）為何？

對柏拉圖最著名的學生亞里斯多德而言，這個答案很清楚，他認為人在本質上是一種政治動物，而且相較於其他動物，人類有語言天分，所以能做抽象的道德判斷，「人類擁有能感受好與壞、公正與不公正以及其他類似概念看法的特性。這些概念的交流，進而創造了家庭和國家。」[1]

亞里斯多德的這個看法一直影響至近代，直到懷疑論者，同時也是偉大的人道主義者蒙田（Michel de Montaigne）堅持不懈地找出人的特點。他在散文《為塞蓬辯護》（Apologie für Raymond Sebond）寫道，動物其實也像人類一樣具有溝通能力、聰明並且擁有後天養成如感恩、洞察力以及悔恨等社會情緒，而特別值得一提的是，牠們不像人類會自我膨脹。因此，我們不應該將重點放在動物與人類的差異處，而應該放在彼此基本的相同處。他還寫道，「另外一個懸而未決的問題，就是究竟是誰讓人類不了解自己，因為我們對動物的理解，並不比牠們對我們的理解更佳！所以牠們也一樣會自然而然地認為，人類是非理性的動物，就像我們覺得牠們非理性般。」

那隻已經被拔光毛、烤得金黃的烤雞會如何說呢？由於牠本身已經無法表達內心想法了，就讓我來代勞吧。雞可能會這麼說：「雖然我不是人，但你們也不過只是動物，特別是當你們像群興奮的小雞般湧入小吃店中，並且隔著櫃檯爭先恐後地點餐時。或許你們懂得如何善用工具，但食用我的最好方式就是用雙手；雖然你們有高度發展的認知能力，但是卻搞不清楚這麼低廉的烤雞價格，也顯示出我的肉質以及豢養條件。你們雖然被賦予了道德判斷能力，但是很顯然地，當你們飢腸轆轆時，就把它拋在一旁或者無力使用。」

而其中最大的矛盾，可能顯現在我們彼此的相處之道中：你們將我們養大、宰殺並且吃了我們，卻又從人類學角度去彰顯自己與動物間的差異，同時將自己定義為高級而且是非動物的，然而與此同時，你們的行徑卻毫無人性，獸性得逞。也就是說，當你們想當人時，卻成了動物。

所以，不要得意忘形，我們這種智人與雞隻間的相似程度比想像的更接近。雖然，這章是以「小雞」為標題，但其實也可以換成「人類」。

1 作者註：然而，蜜蜂或是裸鼴鼠的例子顯示，即便沒有令人不快的競選口號、政治脫口秀和議會爭執，還是有機會成為一個繁榮的國家。

謝辭

Dank

本書在羽化成蟲前蟄伏在《哲學雜誌》（Philosophie Magazin）裡。書內的文章約有三分之二曾以「向動物學習」的標題刊登過，後續再經過修訂以及增加部分篇幅後集結成冊。在此要感謝 Wolfram Eilenberger 和 Nils Markwardt 提出的許多寶貴建議。同時也要感謝妻子以及親愛的讀者 Svenja Flaßpöhler，提出許多充滿智慧又坦率的評論，以及 Tobias Goldfarb 銳利的鷹眼。感謝 Ada 和 Samuel 外出時以及參觀動物園時的好奇與熱情。另外，特別感謝 Robby、Millie、Moritz、Mohrle、Schneeweißchen 和 Rosenrot、Piepsi、Annabel、Udo、Dodo 以及 Hegel ——沒有牠們，本書絕無付梓可能。

參考資料

Verwendete und zitierte Literatur

Agrippa von Nettesheim: Die magischen Werke und weitere Renaissancetraktate. Wiesbaden 2008.

Aristoteles: Politik. Schriften zur Staatstheorie. Stuttgart 1989.

Aurelius Augustinus: Vom Gottesstaat. München 1978.

Barthes, Roland: Die Lust am Text. Frankfurt am Main 1974.

Ders.: »Die Rauheit der Stimme«. In: Der entgegenkommende und der stumpfe Sinn. Frankfurt am Main 1990: 269–278.

Berger, John: Why Look at Animals? London et al. 2009.

Berkeley, George: Eine Abhandlung über die Prinzipien der menschlichen Erkenntnis. Hamburg 2004.

Berlin, Isaiah: The Hedgehog and the Fox. An Essay on Tolstoy's View of History. London 2013.

Brehm, Alfred. Der farbige Brehm. Freiburg, Basel und Wien 1966.

Canetti, Elias: Masse und Macht. Frankfurt am Main und Wien 1978.

Crary, Jonathan: 24/7. Schlaflos im Spätkapitalismus. Berlin 2014.

Emerson, Ralph Waldo: Natur. Zürich 1982.

Garcia, Tristan: Das intensive Leben. Eine modern Obsession. Berlin 2017.

Habermas, Jürgen: Theorie des kommunikativen Handelns. 2 Bände. Frankfurt am Main 1981.

Hegel, Georg Wilhelm Friedrich: Phänomenologie des Geistes. In: Werke. 20 Bände. Frankfurt am Main 1986: III.

Heidegger, Martin: »Was heißt Denken?«. In: Gesamtausgabe. 97 Bände. Frankfurt am Main 1978 ff.: VII, 127–143.

von Humboldt, Wilhelm: »Ueber die Verschiedenheit des menschlichen Sprachbaues und ihren Einfluss auf die geistige Entwicklung des Menschengeschlechts«. In: Werke in fünf Bänden. Darmstadt 1963: III, 368–756.

Kant, Immanuel: Kritik der Urteilskraft. Frankfurt am Main 1974.

Kierkegaard, Sören: Die Krankheit zum Tode. In: Die Krankheit zum Tode / Furcht und Zittern / Die Wiederholung / Der Begriff der Angst. München 2005: 25–179.

Koselleck, Reinhart: Begriffsgeschichten. Studien zur Semantik und Pragmatik der politischen und sozialen Sprache. Frankfurt am Main 2006.

Lafargue, Paul: Das Recht auf Faulheit. Widerlegung des »Rechts auf Arbeit« von 1848. Berlin 2013.

Latouche, Serge: »Circulus virtuosus. Für eine Gesellschaft der achstumsrücknahme.« In: Le Monde diplomatique, 14.11.2003: 3.

Lévi-Strauss, Claude: Das Ende des Totemismus. Frankfurt am Main 1965.

de Montaigne, Michel: »Apologie für Raymond Sebond«. In: Essais. Erste moderne Gesamtübersetzung von Hans Stilett. 3 Bände. Frankfurt am Main 1998, II: 165–416.

Ders.: »Philosophieren heißt sterben lernen«. In: A.a.O., I: 126–147.

Nagel, Thomas: What Is It Like to Be a Bat? / Wie ist es, eine Fledermaus zu sein? Stuttgart 2016.

Nietzsche, Friedrich: Also sprach Zarathustra. München 1999.

Ders.: »Dreiviertelskraft«. In: Menschliches, Allzumenschliches. München 1999: 422.

Pettit, Philip: Gerechte Freiheit. Ein moralischer Kompass für eine komplexe Welt. Berlin 2015.

Pfaller, Robert: Zweite Welten. Und andere Lebenselixiere. Frankfurt am Main 2012.

Platon: Gastmahl. In: Sämtliche Dialoge. 7 Bände. Frankfurt am Main und Hamburg 1988: III.

Ders.: Menon. In: A.a.O.: II

Ders.: Phaidon. In: A.a.O.: II.

Ders.: Philebos. In: A.a.O.: IV.

Ders.: Politikos. In: A.a.O.: VI.

Plinius Secundus: Zoologie: Vögel. In: Naturkunde. 37 Bände. München und Zürich 1986: X.

Plutarch: »Über das Fleischessen«. In: Darf man Tiere essen? Gedanken aus der Antike. Stuttgart 2015:

Rosa, Hartmut: Resonanz. Eine Soziologie der Weltbeziehung. Berlin 2016.

Rousseau, Jean-Jacques: Abhandlung über den Ursprung und die Grundlagen der Ungleichheit unter den Menschen. Stuttgart 2010.

Sandvoss, Ernst R.: Geschichte der Philosophie. Band 1:Indien, China, Griechenland, Rom. München 1989.

Schiller, Friedrich: »Über das Erhabene«. In: Vom Pathetischen und Erhabenen. Schriften zur Dramentheorie. Stuttgart 2009.

Schopenhauer, Arthur: Die Welt als Wille und Vorstellung. 2 Bände. Frankfurt am Main und Leipzig 1996: I.

Ders.: »[Eine Gesellschaft Stachelschweine]«. In: Werke in zehn Bänden. Zürich 1977: X, ii: 708–709.

Seeley, Thomas D.: Bienendemokratie. Wie Bienen kollektiv entscheiden und was wir davon lernen können. Frankfurt am Main 2014.

Serres, Michel: Das eigentliche Übel. Verschmutzen, um sich anzueignen? Berlin 2009.

Ders.: Musik. Berlin 2015.

Wittgenstein, Ludwig: Philosophische Untersuchungen. Frankfurt am Main 2003.

Žižek, Slavoj: »Die brennende Frage. Hundert Jahre Traumdeutung lehren: Wach sein ist feige«. In: Die Zeit, 2.12.1999: 50.

作者 弗洛里安．維爾納 Florian Werner
內頁插圖 Andreas Töpfer
譯者 彭菲菲
責任編輯 許瑜珊
封面／內頁設計 任宥騰
行銷企劃 辛政遠、楊惠潔
總編輯 姚蜀芸
副社長 黃錫鉉
總經理 吳濱伶
執行長 何飛鵬
出版 創意市集
發行 城邦文化事業股份有限公司
歡迎光臨城邦讀書花園
www.cite.com.tw

哲學動物

乳牛擁有尼采的智慧？水母能解釋宇宙結構？
啄木鳥是當代禪學大師？31則經典理論大哉問，
上一堂最顛覆思考的哲學課。

Die Weisheit der
Trottellumme

Was wir von Tieren
lernen können

香港發行所
城邦（香港）出版集團有限公司
香港灣仔駱克道 193 號東超商業中心 1 樓
電話：(852) 25086231
傳真：(852) 25789337
E-mail：hkcite@biznetvigator.com

馬新發行所
城邦（馬新）出版集團 Cite (M) Sdn Bhd
41, Jalan Radin Anum, Bandar Baru Sri Petaling,
57000 Kuala Lumpur, Malaysia.
電話：(603) 90578822
傳真：(603) 90576622
E-mail：cite@cite.com.my

客戶服務中心
地址：10483 台北市中山區民生東路二段 141 號 B1
服務電話：（02）2500-7718 -（02）2500-7719
服務時間：週一至週五 9：30 ～ 18：00
24 小時傳真專線：（02）2500-1990 ～ 3
E-mail：service@readingclub.com.tw

ISBN 978-957-9199-59-9
版次 2022 年 9 月 初版 2 刷
定價 新台幣 350 元
製版／印刷 凱林彩印股份有限公司

國家圖書館出版品預行編目 (CIP) 資料

哲學動物：乳牛擁有尼采的智慧？水母能解釋宇宙結構？啄木鳥是當代禪學大師？ 31 則經典理論大哉問，上一堂最顛覆思考的哲學課／弗洛里安．維爾納 (Florian Werner) 著；彭菲菲 譯
創意市集出版：家庭傳媒城邦分公司發行 2019.09
── 初版 ── 臺北市 ── 面：公分
譯自：Die Weisheit der Trottellumme: Was wir von Tieren lernen können
ISBN 978-957-9199-59-9（平裝）
1. 哲學 2. 動物行為

100 108010258

感謝歌德學院（台北）德國文化中心協助
歌德學院（台北）德國文化中心是德國歌德學院（Goethe-Institut）在台灣的代表機構，五十餘年來致力於德語教學、德國圖書資訊及藝術文化的推廣與交流，不定期與台灣、德國的藝文工作者攜手合作，介紹德國當代的藝文活動。

歌德學院（台北）德國文化中心
Goethe-Institut Taipei
地址：100 臺北市和平西路一段 20 號
6/11/12 樓
電話：02-2365 7294
傳真：02-2368 7542
網址：http://www.goethe.de/taipei